U0939151

快乐从心出发

HAPPINESS NOW!

[英]罗伯特·霍尔登著 贾文浩 陈子博 戴丹译

上海文艺出版总社
上海锦绣文章出版社

图书在版编目(CIP)数据

快乐从心出发/(英)霍尔登著；贾文浩等译. —上海：上海锦绣文章出版社，2009.1

ISBN 978-7-5452-0219-9

Ⅰ.快… Ⅱ.①霍… ②贾… Ⅲ.人生哲学—通俗读物 Ⅳ.B821-49

中国版本图书馆 CIP 数据核字(2008)第 190226 号

合同登记号:图字:09-2008-699

First published in Great Britain in 1998
by Hodder and Stoughton
A division of Hodder Headline PLC

责任编辑: 金瑜婷
书　　名: 快乐从心出发
著　　者: (英)罗伯特·霍尔登著 贾文浩 陈子博 戴丹译
出版发行: 上海锦绣文章出版社
地　　址: 上海市长乐路 672 弄 33 号(200040)
经　　销: 全国新华书店
印　　刷: 北京温林源印刷有限公司
开　　本: 889×1194　1/32
印　　张: 9
版　　次: 2009 年 1 月第 1 版
2009 年 1 月第 1 次印刷
书　　号: ISBN 978-7-5452-0219-9/J.156
定　　价: 24.80 元

如有质量问题　请与印装单位联系　电话:010-84242008-8012

献给

敢于传播

善良、热爱和喜悦的人

HAPPINESS
NOW!

到这里来的人，一定都抱有希望，
抱有一些缠绕不休的美梦和幻想，
希冀什么身外之物能为他带来快乐和平静。
如果一切都在他心里，便不会如此。
所以，他来到这里，便否定了真实的自己，
而去寻找一些身外的东西，
就好像有一个部分脱离了整体，
只能在别的地方找到它的踪迹。
这就是他给自己定下的目标：
去寻找自身缺失的东西，
得到能让自身完善的东西。
所以，他漫无目的地游荡，
寻找着他不可能找到的东西，
并且歪曲了对自己的认识。

——《奇迹课程》

HAPPINESS
NOW!

鸣谢

感恩之心激发喜悦之情。我是满怀喜悦来表达我的感激之情的。首先，谢谢我的妻子米兰达，是她促成了本书的诞生！接下来要感谢“快乐计划”团队：大卫·霍尔登，谢谢你“大人物”式的爱和你的技能；本·伦肖，谢谢你的想象力和支持；艾利森·阿特维尔，谢谢你的快乐和创造力；坎迪·康斯特布尔，谢谢你如此优雅地参与到快乐计划的精髓部分中来。

感谢汤姆和琳达·卡彭特，我们的友谊给了本书很多灵感。感谢黛安·伯克和托尼·齐托，你们就是“爱的化身”。感谢阿凡提·库马把我唤醒！感谢《奇迹课程》作者海伦·舒曼。感谢教会我爱和喜悦的其他老师，你们丰富了我的生活。这些老师的名字是：马莉卡·伯顿、戴德尔·阿赫恩、格兰汉姆·泰勒–克林顿、尼克·戴维斯、安·戴维斯、马克·雷诺兹、布莱恩·利特尔、艾迪·沙博里、德比·沙博里、尼克·威廉姆斯、罗伯特·雷德芬、安·雷德芬、鲍勃·库尔曼、凯西·

库尔曼、史蒂芬妮·伯内特、伊恩·帕特里克、雅克林·赫荣。

特别要感谢罗伯特·诺顿，我写作的时候一直在听你的唱片集《描绘海洋》,是它给了我灵感。再次感谢坎迪·康斯特布尔,在研究过程中,你给了我很大帮助。谢谢编辑罗伊纳·韦伯,感谢你的热情、支持和耐心。也同样感谢劳拉·布罗克班克和雷切尔·康诺利。

感谢我的母亲、父亲、家人、朋友和客户,感谢我的两只猫,格雷特和万得福,也感谢教会我爱与快乐的每一个人!

注：本书采用所有案例之前均已征得当事人同意。部分姓名因当事人要求有所改动。

目录 Contents

HAPPINESS NOW!

HAPPINESS
NOW!

第一章　你已经拥有快乐

请想象如下情景：

一天下午，我在朋友简的家里，和她一起一边喝茶一边深入探讨一个有意思的话题。她的两个儿子跑进了屋里。他们还小，吵吵闹闹的，有的是精力和活力。叫汤姆的孩子四岁了，而叫本的那个才三岁，汤姆去哪儿他都跟着。

简继续和我聊，但很快我们都听不见对方在说什么了，因为那两个孩子吵架了。“怎么啦？”简问他们。汤姆把缠着他的本推开，深吸了一口气，说：“现在轮到我骑我的自行车了，可是本不让我一个人玩，我那辆车今天他已经骑过一回了。”接着又说了几句，但两个孩子始终没有达成一致意见。“你们到外头自己解决问题吧，罗伯特和我正说话呢。”简说着便打发孩子们走了。

才过了几分钟，两个孩子又跑了进来，还把自行车给带了进来！简还没来得及责备他们怎么把自行车带进屋里来了，汤姆便宣布：“我们解决了问题了。”我和简都夸奖说：“很好。”汤姆又继续说：“今天一整天自行车都给我玩，明天一整天都给本玩。”两个孩子都兴致勃勃地点着头。“你们俩都同意了？”简不无惊奇地问道。“对啊。”两个孩子一致承认。“那就好。现在你们出去玩吧。”简说。孩子们转过身，正要离开屋子时，本突然尖声叫道：“我知道啦——我们假装现在就是明天了吧！”

我爱极了这个故事，因为它能够很好地展现罗伯特.H.舒乐牧师所说的“可能性思维”有着怎样的力量。小孩子——越小越好——都是杰出的可能性思想家。从居家物品中随便挑一样给他，比如说一个木勺，他马上就能借助可能性思维，把勺子变成麦克风、网球拍、吉他、手机、魔法棒、天外来客、好吃的冰淇淋，或者别的你想都想不出来的东西。有了可能性思维，孩子们就可以利用一切，创造一切。

成人的可能性思维也很出色。我们也会冒出“可能性想法”，本能地利用一切，创造一切。借助可能性思维，我们可以总结出任何事情的意义。比如说，从一次面试失败中就可以推断出“这是场噩梦”，“我不够优秀”，还有“我这辈子都完了”，或者可以得出相反的结论，“这份工作不适合我”，“这为下次面试作了很好的铺垫”，还有“不管怎么说，都出去庆祝一下吧！”其实，

要找到开启快乐之门的钥匙，就必须认识到
你可以利用一切，创造一切。

汤姆和本的例子也展示了小孩子是如何利用可能性思维来享受眼下的快乐的。我有个和众人相反的观点，我相信婴儿最好的玩具并不是一件实物，而是一个瞬间——这个瞬间便叫做现在。孩子

最初都只有“现在”的意识——过去和未来一开始都是没有意义的。在人生之初,“现在”就是孩子的整个世界,整个乐园。对于“现在”的欣喜和尊崇完全是自然而然的,无须学习,无须伪装。

关于“未来的快乐”的想法不会给汤姆和本这样的孩子留下任何印象——他们最想要的就是“现在”的快乐。往后,他们会被毫无意义的“时间定律”所束缚,所制约,但目前他们还不知道如何等待快乐。既然天堂就在此时此地,为什么还要等待天堂的出现呢?

我相信,关于“现在”的种种可能一定也曾让幼时的你雀跃不已。像其他孩子一样,你也曾对这珍贵的现在充满了幻想、敬畏和赞叹。你从“现在”之中获得了很多,因为你为“现在”付出了很多——每每置身“现在”,你便甘愿将过去和未来置之脑后。“现在”就是你的金银岛,你全心全意地相信,快乐就在此时,就在此地,正等着你去发现。越是这样想,得到的快乐也就越多。所以,这是开启快乐之门的另一把钥匙。

向神圣的现在索取快乐

这几年来,为了配合我们追寻眼前的快乐,这个世界发生了很大变化——一切都加速了。我们过着快节奏的生活——比以往任何时候都快。技术加速,旅行加速,职业加速,关系加速,结果也加速了,我们的世界充斥着“我现在就想要”的念头,所以,这些都是这个世界的产物。实际上,这个世界越来越像个便利店了,你很快就能找到你想要的东西——速溶咖啡,微波食品,速冻食品,快速成像，二十四小时银行服务，包办的葬礼，闪电离婚，电视购物，什么东西都可以叫外卖，当然，还有即时的信贷。购物时常会看到这样的标语，“不用排队”、“不必等待”、“一站式服务”、“24 小时开放”以及“先购物，后付款”。

我们可以从一个角度看待这个“我现在就想要”式的世界，我们可以将它看做是对快乐的极度自私的追求。那样的快乐已经被不耐烦、暴力和贪婪毁坏，一开始就注定要在“眼泪中终结”。事实上，很多人都对“这个世界目前的发展趋势”表示担忧，他们觉得传统的价值观和道德观在追求眼前快乐的过程中迅速腐蚀、消逝。

我们也可以从另一个角度看待“我现在就想要”式的世界。我们叫嚣着要得到“现在的快乐”，这其实反映了我们本能的智慧，以及精神世界的一个真理，那就是

现在，没有你得不到的东西，绝对没有。

禅宗有个很有名的典故，讲的是一个求知若渴的青年学生和一个备受尊敬的禅学大师相遇的故事，这个禅学大师以其一贯的优雅和快乐著称。

“大师，我总梦想着能得到永久的快乐。你能传授给我的最大智慧是什么呢？”学生问。

大师笑了。他拿过毛笔，像个初次握笔的人一样，一笔一画地写道：“专。”

“妙。”学生叹过之后又问，“之后呢？”

大师又笑了。他再次拿过毛笔,仍像个初次握笔的人一样,一笔一画地写道:"专。专。"

"是。"学生点了点头,但又极度困惑,因此又问,"还有别的吗?"

大师又笑了。他拿过毛笔,还是像个初次握笔的人一样,一笔一画地写道:"专。专。专。"

"哦。何为专?"学生不解地问道。

大师终于开口了:"专就是专。"

"没了吗?"很明显,学生感到扫兴。

"专即可。"大师说,"不专则无处求乐;专则此处即为乐土,专便是无拘无束。专则万物俱生。"

真正有智慧有灵性的学派会告诉你,现在就是你生命中最丰富多彩的时刻。《新约》、《旧约》、《古兰经》、《博伽梵歌》、《法句经》,或者《道德经》,实际上,每一部真正灌溉灵魂的经文,都认为现在就是永恒的宝库,其间有无数不灭的珍宝蕴藏,和平、快乐、爱和欣喜,这些财富人人皆可获得,分文不费,二十四小时可用,"目前免费——永久免费"。

"现在"是神圣的!这就是这则故事中的禅学大师想要告诉那个学生的东西。实际上,不管你和哪位可敬的灵魂导师或是宗教教士谈话,他们都会告诉你,"现在"永远是神圣的。但你也许会问,为什么"现在"一直是神圣的?何以见得?如果你刚刚被人爽约,或者刚刚收到账单,或者刚撞碎了一颗牙,又或者你的足球队又输了——这还神圣吗?

有一种方法可以利用"神圣的现在"。你要时刻关注你周围所发生的一切,带着赞美、尊敬和称许的心,尽情地享受现在。你现在就可以试试。不必急着往下读,先环顾四周,对你所感知到的东西由衷地赞叹一次。这时候你就会发现,发出赞美是一件多么快乐的事情。有时候会有突发事件阻碍你,但是只要你愿意,什么困难都可以克服。

每次开"快乐计划"讲座的时候,我总是会给听众们看一张幻灯片,上面写着"happinessisnowhere"。我问听众看到了什么,每次都会得到两个完全不同的答案,一个是"happiness is nowhere"(快乐没了),另一个是"happiness is now here"(快乐来了)。所以,通常,

Happiness is nowhere 和 happiness is now here 的区别与事情有一定的关系,但与你看待事情的方式有绝对关系。你的态度是关键。

从"神圣的现在"之中攫取乐趣的秘诀就是,不要将注意力集中于身外的世界,而是要关注自己的内心——内在的,未经限制的自我。实际上,神圣的现在是一种内在的、永恒的、丰富的潜力,它是无形的,不可捉摸。换句话说,神圣的现在就代表了你内在的永恒的潜力,帮助你去体会爱、自由和欢乐,时间、地点和环境都无法束缚你。

快乐是一份厚礼,包裹着它的是我们的内心,而不是外部世界。所以,不要等着别人把快乐寄给你!快乐也不会在寄送的途中遗失!实际上,你的快乐已经送达你处,它现在就在你心灵的邮箱里,等着你去打开它。所以,你本人就是开启快乐之门的钥匙。重要的并不是你遇上了什么事,而是你对此事的感觉、思想、信仰以及你

总体上的反应。你本人，完整的你，才是真正的钥匙。

"现在"之所以天然富足，关键原因就是，当你不受恐惧、焦虑等情绪的困扰时，你本人就会变得自然，富足。所以：

"现在"有足够的智慧，伴你一世，
因为现在，你在其他人身上看到的智慧，
已经存在于你的内心。

"现在"有足够的爱，伴你一生，
因为现在，你不断向外界索取的爱，
已经存在于你的内心。

"现在"有足够的平静，伴你到永远，
因为现在，只要你愿意思索，
精神的平静就在你的内心。

"现在"有足够的喜悦，超越时空岁月，
因为现在你所追求的喜悦不存在于外物之中——
而是存在于你的内心。

我们的社会被"我现在就想要"这一思想所占领，问题并不在于我们现在就想要快乐，而是在于我们已经不知道如何享受快乐了。特别是我们说"我现在就想要"的时候，我们心存疑虑，并不真正相信"它现在就在这里"。我们对"现在"失去了信仰，却转而信奉想象中的未来。与此类似，我们也不再信任自己，却把所有的注意力投诸外界。现在，反倒是外部世界要“讨我们的欢心”——这便是我们苦恼的源泉。

只要你还相信你的快乐取决于外部世界，那你便仍然深陷于失望和悲伤的泥潭。为什么呢？你拒绝承认自己有内在的潜力去享受现在的快乐，所以在外部世界，你也看不到这样的力量。镜子怎能改变你的容颜呢？想一想吧，世界只是一面镜子。你在自己的内心见到了什么，在外部世界也会见到什么，不会多，也不会遗漏。

所以你要认识到，追寻真正的快乐和现在的快乐时，我们的旅途并不是一段实际的距离也不是一段实际的时间。那是一次“自我发现”的旅程，我们可以在旅途中再次学习；那也是一次重新回忆重新体会内在的快乐潜质的过程，内心的快乐潜质就是我们的失乐园，它等着我们去发现。有时，我们向内心看去却不见快乐的踪影，但再次自省时却发现，快乐就在这里。这就是启发，这就是顿悟，这就是快乐！

我们追逐外部世界和未来生活的步履越匆忙，就越有可能忽略这样一个事实：快乐有可能已经在眼前了。每天早晨，我们在声声“现在”、“现在”的闹铃声中醒过来，随后便歇斯底里地追求未来，不再思索关于“现在”的任何问题。但是，你能肯定此时此刻快乐没有进驻你的心灵吗？你有没有回过头来看一眼，我是说，诚心诚意地看一眼？

快乐需要你去迎接，不会不邀自至。

挖掘灵魂的宝藏

心理学教我认识了我们的潜力，特别是挖掘无穷无尽的悲哀、痛苦、软弱和绝望的潜力！我们会细细琢磨眼下的每一丝苦恼和每一种精神疾病。我的心理学课程主要包括以下几个部分：第一年，基础痛苦简介；第二年，高级痛苦论；第三年，痛苦激发培训。

课程重心完全落在庸人自扰的内在潜力上。我的课程设置涵盖了人间所有的痛苦，从愤怒到恋兽癖，应有尽有，其中包括压力，沮丧，焦虑，精神疾病，心理问题，精神心理疾病，心理精神疾病，歇斯底里，精神分裂，强迫症，恐惧症，自卑心理，病理性偷窃，自杀，精神错乱，还有妄想症。我们的时间不会用来思考享受快乐、爱或内心和平的潜力。实际上，我正在攻读的简直就是“悲伤学”的博士学位！

全天候地研究痛苦对我的思维方式有很大的影响。我曾看到书上说，历史上没有哪个心理学家是快乐的。现在我知道原因了。每一天，只要一看到我的课程安排，我便会情绪低落。举个例子说吧，我记得有一整个礼拜，我们都在研究抑郁症，所以那一周，到最后全班都感到抑郁透顶了。研究情结、焦虑、错乱、固恋等心理问题时，情况也是一样的。我的偏执狂研究论文得分出奇的高，但也无法让我振作起来。上小学或者幼儿园的时候，老师肯定跟你们讲过身体保健有多重要，而头虱又有多危险。这些你还记得吗？那女老师讲了足有二十分钟，还把头虱的图片用幻灯放大了给你们看，大得连头虱的牙齿都看得一清二楚，听完之后，你就坚定不移地认为，那种生物已经在你的头发里面筑了个窝了。而我的心理学讲座和这没什么区别。年轻的医生会告诉你，他们的经历也和你一样。

这几年，我得到了一条重要的教训，是关于感觉和注意力的，

当心你正在寻找的东西，因为它最终会缠上你。

研究悲伤情感的时候，我完全陷在里面了。基本上每门课我都取得了优秀的成绩。后来，我关注的焦点越来越集中，所以我很快意识到，抑郁症并不只有一种，而是有一百种。精神分裂症也不只一种，而是有三四十种。不管你关注的焦点是什么，它最后总会扩散。每天我们都希望能够潜下水去找到珍珠，可实际上我们捞到的不过是些螃蟹。

我学了整整六年，却从来没见有什么讲座教我们挖掘快乐、平静、团结、完整和成功的潜力。起初，心理学是研究灵魂的学科，可是现在却沦落到研究心理疾病和精神问题的地步了。特别要说的是弗洛伊德和行为学家们，在他们眼里，人类不过就是血肉的组合，满脑子都是神经防御方式、侵略心理和性心理障碍，但他们对灵魂、精神、神性、上帝和爱却只字不提。

心理学培训是非常普遍的，我的心理学课程就盯着“痛苦”这个专题不放。这也说明了我们社会有个趋势，就是喜欢将关注焦

点集中在消极的方面。比如医生研究的就是疾病,而不是健康。商界精英分析的是失败,而不是成功。经济学家研究的是开销,而不是价值。哲学家的主要辩题是原罪,而不是原福。基督教不厌其烦地讲着耶稣被钉死在十字架上的故事,而不讲他的复活。精神保健组织出版的书讲了抑郁,讲了压力,讲了丧亲之痛,却没有讲到过快乐和爱。很多记者都像染上了毒瘾似的迫切需要交流,与整个社会背道而驰,频频报道不好的消息。文学界和艺术界也充斥着忧郁的诗人和画家——你所知道的诗人中,快乐的能超过三个吗?

你会越来越熟悉自己所关注的东西,熟悉了,便感同身受了。我们这个社会关注的首先是痛苦,其次才是快乐;首先是眼泪,其次才是笑容;首先是恐惧,其次才是爱。久而久之,我们的双眼便被蒙蔽,虽然享受快乐的潜力一直都存在于内心,而我们却看不见了。我还记得我的讲师们听到快乐这个话题时是如何皱起了眉头的。他们教给我的东西,简言之,就是"如果你发现自己正经历快乐不要急——你只不过是拒绝承认痛苦罢了,痛苦马上就会回到你的身边"。

快乐看似没有价值,它不过是痛苦和精神创伤的过渡,它的定义就是没有痛苦。我还听到过关于快乐的其他说法,比如"快乐是表象,痛苦才是深层感受","笑是狂热抑郁症患者的普遍症状","经常微笑说明你正压抑着隐藏着痛苦","乐观派不切实际,只知道幻想","与神交流是精神崩溃的前兆"。

现在,心理学领域中有很大一部分人都认为,从某种意义上说,快乐是一种机能失调的表现,因为整个世界总的来说是被痛苦笼罩的。对此，我十分担忧。他们想表达的主要理念就是“在这个恼人的世上活着，如果你血压还正常，那就说明你活得不够认真”。最近有的研究企图证明，快乐不过是对现实的逃避，是一种自私的敷衍手段，或是一种表面的逃避方式。这种说法没有考虑到，快乐能鼓舞人心，是献给他人的礼物，也是摆脱痛苦的一种方式。

我问老师为什么我们不研究快乐，通常他们就会让我看看自己是多么不愿意承受痛苦！而人们认为，心理学家不研究快乐、爱、和平和上帝，是因为这些东西衡量起来不如恐惧和痛苦来得容易。换言之，那些都是内在的潜质，无法通过用于衡量外在因素的工具表现出来。

但是，心理学家不愿研究快乐并不说明快乐就不存在。就好比我们不愿抬头看太阳，但这不能让太阳就此消失。但是，还有一个关于快乐的问题没有说明，那就是，真相已经被一个关于快乐的传说所掩盖，在这个传说中，快乐成了被遗忘的角落，隐藏在误解、迷信、疑虑和忧愤的云层之下。

沙漠绿洲

学习交流的时候，我碰到了一个可以改变我一生的人，他叫阿凡提·库马。阿凡提是个亚洲绅士，二十四岁了，相当成熟，看上去就像是丹尼·戴维多笔下的人物——矮小，结实，秃顶，但鬓角的头发却是又卷又密，脸庞很大，脸上的皮肤是古铜色的，总是挂着微笑,眼里闪着热情的光。

阿凡提总是坐在教室的后排,上课前几周,他总是最晚进教室,又最先离开。“他是什么人呀?”我们都很好奇。我们只知道,他不爱说话,但总是面带微笑。实际上,他的笑容从来没有消失过,就好像他一直在默默地想着好笑的事情。

从第一眼看到阿凡提开始,我就对他产生了强烈的兴趣。我觉得我好像已经认识了他似的。看到他,我就有种说不清楚的熟悉的感觉。我还记得,当时我想和他说话,但我太紧张了,不敢靠近他。这种感觉在我是很少见的。我永远也不会忘记我们的第一次交谈。我问他为什么选择这门课程,他回答说“当然是为了和你相遇”。他的笑容真的很有感染力。

此后,我们经常一起喝咖啡。我问他问题,他会绕着弯子回答我。有一天我问他:“你是干什么的?”“学瑜伽的。”他回答说。“学什么的?”我又问。“学瑜伽的。”他说。“啊,你是说简·芳达?”好在我们都很欣赏各自的幽默。很快,另一个学生费尔也加入了我们,和我们一同喝咖啡,我们开始不分彼此了。

阿凡提就像是刚刚从喜马拉雅的某个山洞或者某个秘密的僧院里出来的人。我总会想象他满怀喜悦坐在那里沉思的情景。在他之前,我从未见过谁可以时时处处都快乐,而且还能认识到自己有这样的能力。之后的几个月中,他认真而且热心地与我和费尔谈论瑜伽、玄学、智慧,以及哲学中更具启发效果的派别,交谈中,他那种内心的自我认知感染了我们,我们对他有了新的认识。

“你们所学的一直都是关于自我,或者说是关于低层次自我的哲学。”阿凡提解释说,“这样的哲学深陷于孤立、恐惧和痛苦的泥淖。如果你们愿意学，我可以教给你们另一种哲学，它是一个整体，是关于高层次的自我的，它会指导你们如何让内心的喜悦再次光耀整个世界。"我是和阿凡提在一起之后才第一次关注快乐的，是阿凡提让我明白，快乐并不仅仅意味着没有痛苦。

真正的快乐是一种内在的力量，浑然天成，
能抚平创伤，取之不尽，用之不竭。

阿凡提和所有的大师一样，都喜欢讲故事。有一次，他给我讲了两只鸟的故事，这个故事出自古印度的一本经书，名叫《奥义书》。书中写道：

从不分离的两只鸟，
在同一棵树上栖息。
一只吃水果，
另一只在一旁看。

第一只是自我，
感受着尘世的欢娱和痛苦；
第二只是大我，
静静地望着眼前的一切。

"请你将这两只鸟想象成两种意念，在你心灵的天空中翱翔。"阿凡提说，"第一只鸟，也就是自我，其实就是你的自我意识。它想要快乐，所以它告诉你，寻遍了整个世界也要找到它。第二只鸟，也就是大我，其实就是你的精神世界。它懂得快乐，所以它告诉你，你已经快乐了，快乐是与生俱来的，你曾梦想过的种种快乐此刻正在你的心中栖息。”

“大我如同沙漠绿洲，充满了喜悦和平静。”阿凡提说。神圣的现在、获得即刻安宁和喜悦的潜力就栖息于此。在阿凡提的指点下，我进入了东西方文学的世界，一心希望进一步理解自我和大我的概念。这个词还有很多别称，我将其中一部分列在表 A 中。

多年后的今天，我将“大我”理解为“不受束缚的自我”——就是隐藏在个人经历、束缚条件、学历限制、社会角色表面形象、防御心理、疑虑以及恐惧的面具之后的那个自我。这个“不受束缚的自我”就是你的原初状态，从未被外在世界所触及，因此完完全全是平静的，完整的。那才是真正的你，而不是你的家长、老师、朋友、爱人或其他人，最主要的是你自己，所希望看到的你。

“不受束缚的自我”是内心的平静，可以用三个词来概括。这三个词是一、完整；二、爱；三、快乐。东方神秘主义者把“不受束缚的自我”称做“不经雕琢的思想”。其他的别称还有禅学中的“本来面目”，佛教中的“极乐”，北欧的“自由精神”，道家的“内心的微笑”，还有基督神秘主义者的“心灵的伊甸园”。

自我(EGO)——善皆在外
(Everything Good is Outside)

下面的故事可以解释什么叫做自我,也就是“受束缚的自我”。

受束缚的自我	不受束缚的自我
后天的自我	原始的自我
假我	真我
恐惧的自我	充满爱的自我
愤世嫉俗的自我	有创造力的自我
支离破碎的自我	统一的自我
自我	神圣精神
分裂的自我	完整的自我
肉体/头脑	精神/灵魂
表象自我	自由自我
血肉之躯	圣灵
虚无	我在
罪	源
地狱	天堂
堕落的自我	升华的自我

表 A

每天清晨四点，丹尼尔就起床了，他总是他们僧院第一个起床的人。他大可不必那么早起来，也正因如此，他为自己骄傲。当师父和其他僧侣还在安静地睡觉的时候，丹尼尔就已经忙着念祷告、学习和冥想了。他的目标就是顿悟。

每天，为了顿悟，丹尼尔祷告的时间比别人长，声音也比别人响。他不厌其烦地纠正自己冥想时的姿势，最重要的是，他还会努力背诵僧院里所有的古代经文。他很少休息、吃东西或睡觉，因为他要觉悟，越快越好。

丹尼尔喜欢冥想，喜欢祷告，但是最让他着迷的是经书。他希望能安安静静一动不动地待着，但他没有时间，因为他总觉得有很多事情要做。他喜欢寂静，但他更乐意听师父讲寂静。

丹尼尔的师父是个温文平和的人，脸上总是挂着微笑，一直都让他慢一点，享受一下阳光，看一看青草生长。但是丹尼尔急于求成，总是匆匆忙忙，所以没有留意师父给他的建议。“你为什么总是这么匆匆忙忙的？”师父问他。“我在追求顿悟。”丹尼尔回答说。“那你什么时候才能顿悟呢？”师父笑着问。“啊，大概再做一次祷告就行了吧，或者再做一次冥想。”丹尼尔回答。“你怎么那么肯定觉悟在前头呢？”师父说道，“也许你静立一会儿，就会发现觉悟就在眼前——但是你就这么匆匆忙忙地从它身边路过了。”

这个故事中，僧院就是你的心智，师父象征着不受束缚的自我，或者说精神世界，因为他总是在微笑，而丹尼尔则象征着受到束缚的自身，或者说自我。不受束缚的自我是完整的，而受到束缚的自我正在追求完整。

人们写了很多关于自我，或者说关于不受束缚的自我的东西。“自我”这个词可以误导别人，因为说起“自我”，好像是指一个人，一个孩子，或者是什么实实在在的东西。实质上，自我只是个意念，是个很小的概念，此外再无其他。这个概念就是，善皆在外。我们被这个可怕的思想紧紧束缚，对它深信不疑，因此像丹尼尔一样，满世界追逐，寻找成功、快乐、爱和精神的平静。我们不敢审视自己的内心，唯恐看到里面空空如也，或者干脆已经腐烂了。

我记得曾经读到过，“自我”(EGO)这个词还可以表示“赶走上帝”(Edging God Out)，在哪里看到的我不记得了。

这个概念和“善皆在外”相类似。受到束缚的自我接到信息，说你内心缺少了某种东西，你必须到外界去寻找。这种缺少，或者说“不满足”的意识是很可怕的，它让我们变得贪婪，迷失了方向，追着影子乱跑。

自我就是恐惧，是对内心快乐的否认。自我的祷文总是“小心”!“小心，小心”自我叫着。但是自我是盲目的，因为它没有信仰。它只会看，但不会发现;它索取，但不会接受。实际上，

自我是一条干渴的鱼——它困惑!

假设有一条干渴的鱼——它生在水里，长在水里，一直被水包围着，现在它快要渴死了，只因它不肯喝水，而不是因为没有水。另一个比方把自我比作振翅高飞的鸟，它总想到达天空的高度，却不知它已经身在高空。最后一个比方，自我看得见钻石的光亮，却看

不到钻石本身。

自我怀疑自身是否完整，换言之，受束缚的自我不相信还有一个“不受束缚的自我存在”。不受束缚的自我说“我是完整的”，但受束缚的自我说，“我是完整的吗？”我已在图1中表现了它们的区别。怀疑自身的真善美就是你一切痛苦的根源。

我们在世上漂泊的时候，不受束缚的自我常被遗忘，但并没有完全遗失。每时每刻，我们都能闻到它的芳香，听到它的旋律，尝到它的味道。小时候大人们给我们讲故事，但故事的意义要过许多年我们才能明白。比如安徒生的《丑小鸭》就是对自我（小鸭）和精神世界（天鹅）的绝佳阐释。自我不正是对自己身份的错误认知吗？

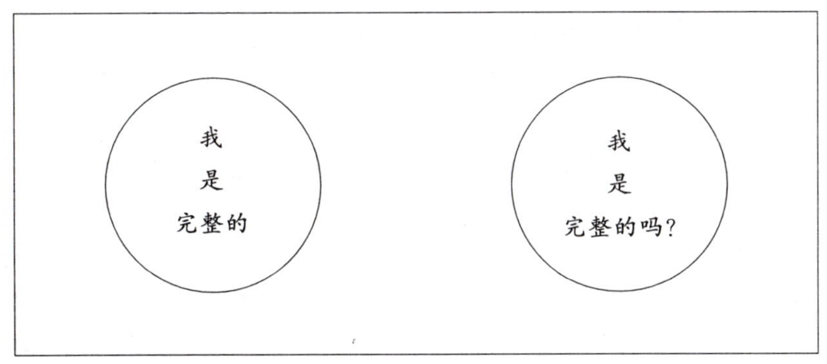

图 1

如同丑小鸭一样，我们怕自己还不够好，
怕犯错，怕自己差劲，或者
一无是处；如同丑小鸭一样，我们最终会明白，一切并非如此。

《睡美人》鼓励我们唤醒内心的美，也就是不受束缚的自我。《美女和野兽》告诉我们，爱（美女）可以帮助我们化解自我式的思维（野兽）。《彼得潘》引导我们重拾想象力，重新自由地飞翔。阿拉丁，狮子王，皮诺曹，每一则童话都是一次从自我到真我、从恐惧到爱、从痛苦到快乐的灵魂之旅。

关于我们的束缚，我还要说一点：那都是人为的！是强加上去的，是不真实的。你对自己的看法，别人对你的看法，都只是观点，不是事实。但是，记住自我只是观念，一个受到限制的观念，并非真实存在，这将对你有所帮助。自我的本质就是一个错误，它给我们的是一个狭隘、贫乏、枯燥、局限的形象，一张粗糙的快照，并不能展现一个真实的你。换言之，自我不真实。

米开朗琪罗，上帝和奇迹

米开朗琪罗的一个崇拜者问他："你那些绝美的雕塑是怎么创造出来的？"米开朗琪罗著名的答话至今流传于世。他说："朋友，美是本来就存在的，不是我创造出来的。我不过是凿去了周围的大理石，让美显现出来罢了。美是内在的，它早已经就位了。"

米开朗琪罗所说的周围的大理石就像是我们的外在束缚，而孕育在大理石之中的美则是真正的，未受束缚的自我。

阿凡提鼓励我尽量多读诗，特别是玄学派诗人写的诗，比如威廉·华兹华斯的，威廉·布莱克的，还有罗伯特·布朗宁的；另外还有印度的诗人，比如泰戈尔、苏菲和鲁米，等等。罗伯特·布朗宁曾在一首诗中谈及“被禁锢的光辉”，其方式就如同米开朗琪罗谈论蕴涵在大理石中的美一样。他写道：

真理就在我们心中，它的萌发
不需要借助外物，无论你信仰什么。
人人内心深处都有一个位置
真理在那里完整留驻；
虽被肉体的墙重重包围，
但却那样完美，能被清晰感知。
肉体冥顽而癫狂，

束缚了一切，又频频犯错，
但是智慧要为被禁锢的光辉
找到一条出去的路，
而不是为外面的光
打开一个进来的门。

在阿凡提的指导下，我还开始研究心理学派和精神疗法，目前，世界教学对这两个领域涉猎不多。经过研究，我发现，二战后涌现出许多学派，他们超越了弗洛伊德和行为学家，给人类下了新的定义。弗洛伊德认为，人类有两个基本的动力，性和需求，而我们的生活目标就是，在不失礼貌的前提下，尽可能地追求性感，尽可能地开拓进取。他还认为，人类并没有更高层次的自我。

但现在，更高层次的，精神世界中的，不受束缚的自我又开始出现了。越来越多的心理学派发现治疗心理疾病的最佳方法就是让病人超越被束缚住的自我,去拥抱不受束缚的,不因外物的改变而改变的真实自我(参见表B)。不同的派别对这个术语有不同的叫法,但是基本的原则和理解是相近的。

心理学家	精神	自我	流派
艾尔弗雷德·阿德勒	有创造力的自己	虚拟向导	个性心理
卡尔·荣格	自己	表面形象	心理分析
弗里茨·波尔斯	自己	自我形象	完形疗法
罗伯托·阿萨吉奥里	我	次生人格	心理综合学
R. D. 莱茵	真实自我	虚假自我	原始整合疗法
杨诺夫	真实的自我	不真实的自我	原始整合疗法
埃里克·伯恩	自由儿童心态	顺从式儿童心态	沟通分析
J. L. 莫雷诺博士	自发性	保守角色	心理剧

表B

越来越多的心理学家都已跳出原来的思维模式,改变了看法。有趣的是,就连弗洛伊德本人在晚年时也改变了原先的不少看法。在一本叫做《缓解压力》的书中,我引用了弗洛伊德临终所写的话:“作最后分析的时候,我们必须学会爱,这样才不会有心疾。”心理学重新找回了自己的灵魂。现在,我们所要做的就是改变我们对自己的看法。

我也被东方哲学的博大精深和诗情画意深深吸引。虽然很多作家都用了神秘的形象和深奥的比喻来描述不受束缚的自我,但他们无法说清楚,这一完整的自我所经历过的,都是自然的,平凡的,普通的，每天都有可能发生的。佛教有个术语，叫“satori”，意思是顿悟，万事万物皆可悟，且人人可求顿悟。

我发觉19世纪神秘主义作家罗摩克里希纳的作品非常精彩。每个词对我来说都出奇的熟悉，他把不受束缚的自我称做神圣自我，并对其展开宏论。他曾作过这样的解释：

> 认识你自己，就等于懂得了无我之境以及万物之主。自我是什么？是我的手，我的脚，还是我的血肉之躯？再往下细想，你便会发现，“我”根本不存在。
>
> 抽丝剥茧地分析一下自我，便会发觉，自我根本不真实。分析到最后，一切都归结到上帝那里。自我退去的时候，神圣的自我便显露了。

在追求大彻大悟的过程中，我觉得一直都有一根金线在牵制着我，它将没有受到束缚的自我和我心中的上帝连在了一起：“不必举目望天，上帝在人心中。”日本的经文中这样写道。伊斯兰教的《古兰经》写道：“真主在你心中，你却在旷野中寻找真主。”圣歌中写道：“你自己也是上帝，是圣灵的子嗣，你们都是。”耶稣在《圣经》中告诉我们：“你们就是上帝。”伊斯兰教说：“知己者知上帝。”而佛经中则写道：“内自省则成佛。”

小时候，上帝给我的最初印象是一个放大了的形象，他住在天上，好嫉妒，是个留着大胡子的中年人，脾气不太好，不易接近。这个上帝决定足球赛的输赢，帮你找到停车的地方，保佑你买彩票中奖。这个上帝很特别，他对某些人的爱憎比普通人更甚。

很明显，这样一个有着自我形象的上帝需要人们祭献活的动物、小孩、烟草、药物和啤酒给他，他喜欢这些东西。他就是一个制造恐惧心理的上帝，所以，他带给人类的是惩罚、袭击、报复和审判。很明显，

巨大的痛苦源自我们对自身和上帝的曲解。

在阿凡提和其他精神导师的帮助下，我对自身和上帝的错误观念转变了，虽然过程缓慢，但卓有成效。我一点一点地摆脱了束缚。现在，我已经可以说，我对上帝的感觉完全是不受束缚的爱，我知道不受束缚的爱和不受束缚的自我之间没有区别。

遇到阿凡提九年之后的一天，我和妻子米兰达坐下来一起读一本书，书名叫《奇迹课程》，这本书永远地改变了我。这是本好书，它给我们的心灵上了一课，教会我们如何将恐惧心理转化成爱，以及如何放弃自我来成就不受束缚的自我。

起初，我并不十分中意这本书——它太长了，比《战争与和平》还要长，有一千二百多页，全书充斥着宗教的比喻。其实米兰达和我早在相识之前都已经买了这本书，而后，这本书就在我们俩的书架上闲置了五年之久！每次我想拿起来读的时候，我眼前就开始模糊，很快我就打瞌睡了，不管那时是几点钟。

后来，我发觉，这本书除了治疗失眠之外还有其他用处。它可以当制门器，可以当镇纸，最重要的是，它摆在书架上很好看。但终于有一天，米兰达和我重新拾起了这本书，随意翻到某一页开始读起来。

我们看到了这样的句子："你创造的自我（自我）并不是上帝的

儿子(不受束缚的自我)。"这句话在这本书中重复了好几遍。之后,又有一段记录:

> 我真实的身份是那样稳定,那样高尚、纯洁、光辉、灿烂,那样仁慈、远离罪恶,天堂之光都愿意照耀到它的身上,它的光辉也普照着世界。它是父给我的礼物,它也是我给世界的礼物。除了它世界上没有其他的礼物既可以接受又可以赠与,它是事实,独一无二。它结束了幻想。它开始了真实。

父啊,你仍然知道我的名字,但我已忘却,也不知我要去向何方,不知我是谁,不知我要做什么。父啊,请你告诉我,因为我已厌倦了眼前的世界。请告诉我,你希望我看到怎样的世界。

《奇迹课程》断言,未受束缚之爱迷失在充满恐惧的世界里,但是却创造了你。当你记起了不受束缚的自我,又重新回归自我的时候,思想的自由、喜悦和平静便又重新回到了你心中。书中说:"超度灵魂只要你接受一个观念:你是上帝创造的,不是你自己创造的。"

记住还是忘却

每时每刻,你不是记住了不受束缚的自我,你的真实身份,就是把它给忘了。其实什么都没有发生。记住你是自由的,你就会觉得快乐,充满希望,信任别人,慷慨大度,充满爱意,而且有安全感。但是

当你心存疑虑，忘记了关于自身的真相时，你会害怕，会觉得孤独，绝望，你总是孑然一身，总是想保护自己，所以才挣扎，攻击别人。

你可能看过下面这段威廉·华兹华斯的名篇：

我们的出生不过是睡眠和遗忘：
与我们共存的灵魂，是我们生命的星辰，
它远道而来，
曾在别处栖身：
我们并没有完全遗忘，
也不是完全赤裸，
我们为上帝而来，拖曳着美丽的云霞，
上帝是我们的家园：
孩提时期，天堂就在我们周围！
孩子渐渐长大，
牢房的阴影开始合围，
但他能看到光明，只要光在流动，
他就能在喜悦中发现光明。
青春是自然的牧师，
它从东方来，一天天远离那里，
途中有美丽的风光如影相随。
最后，孩子长大成人，它却消失不见，
隐没在平凡白昼的光明里。

不快乐是忘却的征兆，正如喜悦是记住的标志。郁郁不乐时，平衡不再，洞察力消失，信仰坍塌，交流受阻，疑虑加倍，恐慌降临，种种症状把我们团团围住。我们所感觉到的不和谐其实就是自我的不和谐。我们偏离了自己的内心世界，我们"遗失了心，遗失了灵性"，我们迷失了自我。

治愈的方法就是回想起来。作家马莲娜·威廉姆森称之为爱的回归。多数时候，我的工作都是帮助人们重新认识内心的光辉。我们可以聊天、沉思、欢笑、哭泣、祈祷、唱歌、跳舞，为了回想起真相，摆脱痛苦，我们可以做任何事情。

"快乐计划"的讲座上，我有时候会给听众看一首我自己写的诗，这首诗帮助我记住治愈的方法，记住我的工作是什么。这首诗是这样的：

曾经，有一刻，
疯狂的，易被遗忘的一刻，
越过时间进入永恒。
那一刻，虽然疯狂，虽然易被遗忘，
一个独立于上帝之外的世界，
却不知从何处进入梦乡。
虽然只有一刻，
却像永恒一样久远。
虽然只是一个梦，
却如此真实。
在那个疯狂的，易被遗忘的世界里，
海洋向上帝祈祷：

"请给我水吧,我需要水。"
光辉明亮的太阳祈祷:
"亲爱的上帝,请让我充满光明吧。"
强劲有力的风呼啸着恳求:
"请让我自由,请让我自由。"
突然之间,我也不知道为什么,
寂静突然开口道:
"上帝,赐给我平静吧,赐给我平静吧。"
而后,平静跪倒在地,
"亲爱的上帝,我要怎样才能更加平静呢?"
现在则有些困惑了,它祈祷:
"亲爱的上帝,接下来呢?"
连永恒都开始祈祷:
"我希望能永远永远永远存在。"
无限觉得自己很渺小:
"亲爱的上帝,让我生长吧。"
而生命则开始哭道:
"我不想死去!"
而你我,本质上就是爱,
却叫着要得到爱,
"上帝,请您爱我。"我们祈祷着。
"上帝,让我充满爱。"我们祈祷着。
"上帝,请赐给我爱。"
虽然这一刻疯狂,易被遗忘,

它很快就滑进了永恒。
除了记忆，疯狂的、易被遗忘的记忆之外
什么都不剩，
这么快就变成永恒。

佛经《法句经》里写到过著名的“八正道”，那是指八种精神上的自由，其中一种就是“正念”。佛教徒常常听到“起，看，记，不忘”的命令。与此类似，耶稣也让我们“看并且祈祷”。

想要快乐，就要知道什么东西可以帮助你记住真理，什么东西可以帮助你去爱，去活得真切，去得到自由，什么东西可以帮助你从外界束缚中苏醒。我自己很喜欢听笑声，我珍惜友谊。我喜欢仰望星空，在大自然中徜徉，聆听河流的欢歌，吸入莲花那仙境般的清香，凝视跳荡的火焰，感受它的温暖，目睹它的光亮。我喜欢静坐，喜欢微笑，喜欢沉思，喜欢祈祷。你呢？

一定要记住，什么东西能够帮你记忆。我保证，下次你生病或者不开心的时候，你会远离一切支撑你、充实你和鼓励你的东西。事实上，那时你已经远离了这些东西了，不然你是不会不快乐的。遇到压力或者挑战时，我们居然就抛弃了最强大的力量之源。我们告诉自己：“我要先解决问题。”只有在这个时候，我们才会想到求助。

记住“现在”是关键！

我在 BBC 工作了四年，担任顾问和业绩培训师。单位主楼对面是个教堂，外面挂着很醒目的标语。我在 BBC 的那几年里，这个标语一直没有换过。上面写着：“啊，上帝，请把我的错误告诉我。”我觉得这个标语是用来唤起人们崇敬的。我看这个教堂应该找个新的营销经理了！

我曾看到过一篇非常美的祷文，它与教堂的标语真是一个天上一个地下。那篇祷文为我们树立了典范，指点我们如何记住并回归真实的、不受束缚的自我。那段祷文是一个叫马克丽娜·维尔德克的女士写的。祷文如下：

“啊，上帝，请帮助我相信真实的自我，
不管它有多么美丽。阿门。”

这才是真正的祷文。试试看用这段祷文祈祷吧。给自己一个礼拜的时间，每天都这样祈祷，把它作为每天早晨的第一件事，然后坐下，听听别人的指点。这段祷文为记住并回归真实的自我提供了完美的示范。如果你能在寂寞中看到希望，那么你也一定会在寂寞中找到希望。这样祈祷一周，你就会明白我所说的话了。

看到光明！

首先，相信，然后才能看到光明。
而后，向着光明走去。很快，你
就身处光明之中。于是，你便成了光明。

保罗通过自己的努力成了一名百万富翁。我们第一次见面的时候他就告诉我了。他讲话，我听着。他和我讲了他的妻子，他的生活，他的工作，还有最重要的，他的孩子。“我有三个孩子，他们是我的最爱。”他说，“我想要给他们过去我所没有的一切。我经常对他们说，他们想成为什么样的人，就可以成为什么样的人。我鼓励他们奋斗，努力工作，每件事情都全力以赴，做到最好。我总是告诉他们还可以做得更好，他们还可以付出更多，得到更多，根本就没有止境。”

我听保罗说了大约有半个钟头。最后，我问：“保罗，你想要告诉我什么？”保罗顿了顿，低下头去。他的自信和激昂都消失了。我好像还看到了他的眼泪。他说：“问题是，我的孩子们恨我。我把一切都给了他们，但他们恨我。”

“你有没有告诉过孩子们，他们现在就很棒，只要像现在这样就很好了呢？”我问保罗。很明显，他没有。“保罗，你不必告诉你孩子他们以后会有多棒，他们需要知道的是现在你有多爱他们，现在他们有多棒。”我说。我还告诉保罗，如果他夸孩子们现在很棒，那也是在为他们的将来做一笔明智的投资。

只有一个问题让保罗犹豫，"如果我对他们说，他们现在很好很完美，就像你说的那样，那么他们会不会自满呢？"这是很多人都担心的问题。我们谈了很久。"你父亲告诉你他爱你的时候，你有没有自满呢？"我问。"当然没有。"保罗回答说。"那你应该不用担心了吧。保罗，你要看到孩子们的心光，看到他们内心的力量，信任他们，为他们，也为你自己。看看他们内心的光亮吧。"我说。

作为一个心理学家，我原先所受的训练旨在把我培养成一个专门发现问题的人。其实，起初我很为自己骄傲，因为我很擅长发现别人的弱点、精神问题、恐惧心理和苦恼。我想成为一名出色的心理学家，而且大家都知道，真正好的心理学家可以比普通心理学家发现更多你存在的问题！

我原先所受的培训包括：(1) 从你所说的情况中分析出你所存在的问题；(2) 从你不愿告诉我的情况中分析出你所存在的问题；(3)从你自己都不知道的情况中分析出你所存在的问题。这就是心理学家的创造力——进来的时候，你不过是有些小问题，但离开的时候，你却有大问题了！

渐渐地，我开始转变自己的心理。我意识到，不是能够指出别人的问题和失败就算最好的心理学家，最好的心理学家应该能够告诉别人，他们的希望在哪里。现在，我确实相信

真正的良药可以帮助你记住自己的心光，

并有意识地回归自我。

“光”是说你心中不受束缚的发现快乐的潜力，也就是，去爱，去摆脱恐惧的困扰，超越想象的极限去创造。你不会失去“光”，因为你本身就是“光”——不受束缚的自我——但是，你忘记了。你快乐时，这光明是如此真实，而你不快乐的时候，它又变得那样不真切了。这就是为什么我们会恐惧，会孤独，会郁郁不乐。身处黑暗之中，我们会怀疑自己是否还能见到光明。

我记得有一天，我忽然意识到，看到不受束缚的自我的心光对于治愈心灵的创伤是多么重要。那天，我正坐在减压诊所里。那是我自己开的诊所，是获得西伯明翰国家卫生服务部门批准的，已经开了好几年了。向外望去，我看到外面人山人海，他们都等着下一轮两小时的心理治疗。这一回，我看到的并不是单个的人，而是一群酗酒的人，抑郁症患者，心脏病患者，癌症病人，吸毒的人，艾滋病患者，恐惧症患者，还有一个精神分裂症病人。

起先，我感到绝望的波涛向我袭来。记得我当时是这样想的：“我怎么才能帮助所有这些病人呢？他们的问题太多，又各不相同。”我突然觉得，每一种病都要开设一个单独的诊所，抑郁症诊所，焦虑症诊所，等等。惊慌还没涌上心头，我已经本能地做了一次短暂的祈祷：“上帝，请帮助我换个角度看待这些问题吧。”然后，按照标准的英国式习惯，我呷了一口茶。我开口想说话，但一字未吐却又很快地闭了嘴。我的思绪飘到了另一处，一个新的想法正在形成，就像传真或电子邮件，传输到我的脑中。趁我的脑子下载那个新想法的时候，我又喝了一口茶。

我意识到，虽然这些人的问题各不相同，但事实上他们得的是同一种病，只是症状不同而已。简言之，他们得的病就是不快乐。他们每个人都多多少少和那个不受束缚的自我脱节了。我意识到，他们来这里不只是为了消除压力，更重要的是为了回忆并回归快乐。他们来这里寻找心光。

几年前，我读了希腊哲学家毕达哥拉斯的著作。他写道：“世上没有疾病，只有无知。”现在，我终于明白，他所说的无知，也许就是忘记了心光，脱离了不受束缚的自我。我也开始明白，我在减压诊所的工作也许已经像比萨斜塔那样微微地偏离了中心。

在此之前，受培训的影响，我的工作目标一直是发现问题，我日复一日地研究每一种病症和我所能发现的与压力相关的问题。虽然我已经多次提到过快乐，但是我从来没有真正地研究过快乐。爱，心灵的宁静，成功，喜悦，这些也都是一样的。现在，我发觉，如果这些人能记住如何重拾快乐，他们也许就不会生病了。过了一些时候，我写了一篇日记，时至今日，每当需要激励，我就能想起当初那篇日记：

悟爱意，无恐惧
悟喜悦，无痛苦
悟光明，无黑暗
悟完善，无疾苦
悟现在，无过往
悟真谛，无谎言
悟神明，无分裂
悟自我，无他物

一个真正的良医能看到黑暗,但他真正的任务是发现病人的心光,这样他才能发现自己心灵的光明,并且回归自我。这样不仅能够治愈病人,还能抚平自己的创伤。为人父母也是同样的道理。家长给孩子的最好的礼物便是帮助孩子寻找心光,直到孩子可以发现自己的心光为止。真正的朋友即使历尽甘苦,仍然对你信任不渝。即使你情绪低落,举止颓丧,他们还是看得见你的心光。导师,经理,领袖,预言家,调解人等,凡是真正服务他人的人——他们都看得到心灵的光明。

第二章　放弃寻找

一天，我正准备开始减压诊所新一轮的诊疗，我决定要尝试一种全新的疗法。屋子里挤满了人。三十个人正聊着天，喝着茶，等着我开始。“大家好，欢迎光临减压诊所。上次见面后的一周，你们过得好吗？”我问道。有人说：“还行。”另一个人说：“还不错。谢谢你。”后排又传出一个声音：“啊，没发生什么坏事。”哦，对了，这个开场白可不是我说的新疗法，新的疗法下面才开始。

“我想请你们给大家讲讲，这不错的一周你们是怎么度过的。”我说。然后，我让所有人都站起来，向他们解释说，我希望大家能一对一地谈话，与别人分享过去七天的好消息或者快乐的事情。唯一的规则就是，对不同的人要讲不同的好消息。

我发觉自己正在向他们解释一个游戏的规则，大部分人都屏住了呼吸。屋子里的气氛很紧张，人们不自然地笑着，本能地想要保护自己，还不断叫着“啊，上帝！”“我的主啊！”还有“上帝，救救我们吧！”“什么，你是说要讲上礼拜发生的二十件好事？”有人问道。“是啊，要说出能让你笑的事情，或者能让你精神振奋的，能让你感觉好的，或者你很感激的，至少二十件。”我解释说。“但是，如果一件都说不出来呢？”有人问。“先试试看吧，试了才会知道。”我说。

我让他们做的事情很简单,却很重要。许多诊所的第一个治疗环节似乎都自动变成坏消息、挫折和新问题的讨论会。他们从来都不谈好消息,不谈他们取得的进步。而现在,我知道我的病人们正从我们的聚会中获益。其实过去几年,减压诊所因其对病人的支持和帮助而闻名全国。

回顾过去,我终于明白,以前我们好像都一致服从一条不成文的规定:只谈问题。我自己参加心理学和心理疗法培训的时候,也总是把快乐和爱放在后面,而现在,我们心里充斥着问题,而且还习以为常了。更糟糕的是,有时我还发现,我们小组里有些人居然还在比较上一周谁过得最差。

我们好像在用我们所经历的痛苦来证明人生的价值,这不但可悲,而且可怕。在我们的脑海中已经形成了一套"要素系统",例如,头痛五要素,周期性偏头痛十要素,抑郁十五要素,焦虑七要素,焦虑恐惧症二十要素!要素越多,重要性越明显,在小组里说话的时间也最多。

为了公平起见,假设我们只干别人让我们干的事情,就是只谈论问题。心理学不就是关于问题的吗?大家都不太愿意谈论快乐。诊所潜规则就是:如果你有什么问题,请说出来;如果你很快乐,那就什么也不要说。快乐没有任何价值,没有人说过允许你快乐。

现在,每个人都在讲好事,这是史无前例的。现在,我把好消息游戏称做"祝福游戏"。这个游戏结束时,整个群体的精力都转移了。每个人都如同阳光,他们发出的温暖和快乐填满了整个屋子。只有一两个人觉得这个游戏没法做,但是大部分人都惊奇地发现,原来自己的生活中有这么多好事情。

大家都自觉地将游戏结果反馈给我。“太棒了！”有人这样评价。“谢谢！”另有人这样说。“太好了！”还有人这样称赞。有位女士站起来说：“你们告诉我的好消息帮助我想起了被我忘掉或者忽略的所有好事情。”另一位女士说：“这一周我过得比我认识到的要好得多。”之后有一段时间的自然停顿，随后，一位老先生说话了。他叫格兰汉姆，在诊所，他以他简单的智慧著称。他说：“我突然想到，也许我们所有人都比自己认为的更快乐，更幸运。”

不要放弃快乐

快乐可以挖掘出你心中最美好的潜质。你一出生就是快乐的。快乐是自然而然的，它完全适合你。当快乐从你心里缓缓流出，你看上去很好，感觉也很好。你步履轻快，身心自由，灵魂升华。整个世界都以最好的一面回应你。

当你真正快乐的时候，你可以影响他人，并且可以充分发挥作用。最重要的是，你爱别人，因为快乐的精髓就是爱。而且你也自然而然地善良，慷慨，开朗，温暖，友好。那是因为，真正的快乐存在的地方就没有恐惧，没有疑惑，没有焦虑。你无拘无束，不受束缚。你所关心的是现在，此时此地，而不会迷失于过去或者未来。

当你真的很快乐的时候，你在歌唱，有意识地歌唱。而且你很真实。毕竟，想要在快乐的同时心胸狭窄，遮遮掩掩，或者虚情假意，为自己辩护，这都是不可能的。实际上，快乐让人感觉如此之好的原因是，当你真的很快乐的时候，你是你自己——是不受束缚的自己，最原始的自己。

真正的快乐，如同花朵的芬芳，是不受束缚的自我，是真实自我的外在表达。

真正的快乐很有吸引力，因为它吸引的都是美好的东西。快乐从本质上来说鼓励信任、自觉、乐观和热情，所有这些都会带给我们很好的礼物。特别是你敢于享受快乐的时候，你会发现，人们都本能地被你吸引，喜欢你，虽然他们自己都不知道为什么。也许和你的微笑有关。不管是什么原因，你的快乐就是给其他人的激励和礼物。每个人都会从真正的快乐中受益——每个人都会从你的快乐中受益。

所以，快乐对我们来说很重要。它与爱——生命的目标同在。每个人都希望快乐。你能找得到想把真正的快乐拒之门外的人吗？找不到！问题是，如果快乐是我们共同的目标，那为什么这个世界上，快乐并不常见呢？谁认识三个以上真正快乐的人？请举手！我问了一千多个人，但只有五六只手举了起来。

没有人谈论快乐。很多对话都和快乐无关。在我的讲座上，我总是让听众回忆自己和父母谈论过几次有关快乐的话题。随之而来的总是一片沉默。所有的父母都希望子女快乐，但没有几个父母和子女谈论过快乐。

我们和朋友、家人、同事的日常对话也是一样，没有人真正快乐；即使真的快乐，他们也不说出来。“你好吗？”我们问候别人的时候总是这样说。回答总是来得又快又草率——“不错”，“不那么糟

糕”,或者“不算太坏”。稍有创意的人则说,

“不算最好。”

“不算最差。”

“凑合吧。”

“中等。”

“还是那样子。”

“就这么着吧。”

“活过来了。”

“没什么好说的了。”

“没什么坏事。”

“还行。”

“我还是老样子。”

“别问了。”

“凑合。”

“勉强能维持。”

“命悬一线啊。”

“没有消息就是好消息。”

“还死不了。”

这些都算什么?我把这些没有意义的对话称做“还不错”。这是个“濒临生存”的经历,而不是“濒临死亡”的经历。这样的经历里面没有快乐,没有悲哀,没有奉献,什么也没有。在这个快节奏的、疯狂的世界里,没人有时间用心谈话,“还不错”就成了一个通用的回答,成了一种速成的交际手段。它快捷、简单,我们不用去想自己说

了些什么。

问题是,即使我们真的有时间,即使真的有好消息,或者我们真的觉得很快乐,我们的回答也还是“不错”。我们放弃了表达快乐的权利。更有甚者,我们已经习惯了隐藏自己的快乐,好像表达快乐是什么恐怖的事情。但是,我们到底在怕什么呢?快乐有什么好怕的呢?

我第一次意识到人们怕快乐,是在一对一的心理治疗过程中。我遇到了三种典型的情况。

第一种情况,我要帮助一个人把内心的恐惧或者问题讲出来,以便摆脱它们。我确信他们已经准备好摆脱痛苦迎接快乐的时候,他们就突然不来了。连通知都不通知一声,他们就不来了。打电话过去也没人接。能联系得上的客户,大多也只会说:“我太忙了,过不来。”或者“我没钱了。”我说可以延期付款,但这样的好意总是遭到拒绝。有时,我的客户干脆就说:“我还没准备好。”

第二种情况被我称为“熟悉的恶魔”,这是从一句俗话上演变过来的,即“改造你认识的恶魔”。在这种情况下,客户已准备好放手一搏,经过了痛苦的、毁灭性的打击,却在最后一刻决定留在原地。我有一个叫乔纳森的客户,他所做的工作要求非常严格,报酬又很低。在一次心脏病发作之后,他来找我。他总是说,等他身体好了,可以工作了,就想换一个让他更满意的更适合他的职业。但是,他身体真的好了的时候,他又回到了先前的岗位上。“我就知道会这样。”他说。

苏珊的例子正好能够说明第三种模式。苏珊快三十岁了,还没有结婚,现在和男朋友住在一起。她的男朋友总是给她精神上和肉体上的双重折磨。“我来找你，是想从你那里获得勇气，离开我的男朋友。”第一次见面的时候，苏珊这样对我说。最后，苏珊确实离开了男朋友，虽然当时她内心很难过很害怕。但现在，快乐正向她招手。可是，正当她的朋友们想为她庆祝一番的时候，苏珊却又找了个新的男朋友，这个男朋友同样也虐待她。

看了这三个模式，我明白了，帮助别人解决问题和帮助别人感受快乐根本就是两回事。一个很明显的原因便是，没有痛苦没有麻烦并不等于快乐。我还进一步认识到，你一定要自觉地用自己的方式去寻找快乐，你和快乐之间的关系是不受束缚的，否则，你将一直处于闷闷不乐的、病态的心情之中。

面对你的“快乐恐惧症”

快乐对我们来说是最自然最普通的，但是我们却总觉得它是特殊的、奇异的、幸运的东西，是必须通过努力才能赢得的一份奖励。我们不是张开双臂，像迎接一个亲密的朋友那样去迎接快乐，而是满怀疑虑、敌意和恐惧，避之不及，“唯恐快乐降临”。

很显然，我们都想快乐，但是我们又不信任快乐。当然，我们允许自己时不时地开心一下，但是，当快乐的感觉越发明显，越发真实，越发持久的时候，我们便饱受疑虑的折磨，被内心的恐惧压倒。我们怀疑快乐，也怀疑我们自己。

简言之，我们害怕快乐。

最具讽刺意味的是，我们害怕一切自己喜欢的东西。比如说，我们害怕成功会腐蚀自己，害怕钱成为万恶之源，害怕名誉毁掉我们，害怕爱让我们盲目，害怕快乐让我们自私，害怕退休就意味着死亡。很奇怪，我们最想要的东西最让我们害怕。

“快乐恐惧症”是我用来描述对快乐的惧怕心理的术语，特别是我们在快乐面前所表现出来的那种完全不正常的迷信。对于不受束缚的自我来说，快乐极其自然，约束我们的东西却用种种错觉、骇人的信仰、虚假的前提和不必要的教条蒙蔽了我们的双眼，将快乐遮挡在视线之外。

当你再一次经历真正的快乐的时候，请自我反省一下，看一看不受束缚的自我是如何接受快乐的。比如说，留意一下不受束缚的自我是怎样飞奔过去，带着深沉的爱意和谢意去迎接快乐的；还有，受到束缚的自我又是怎样平静下来，对快乐提出质疑，控制它，和它保持一臂距离，或者抓住了就不肯放手，唯恐快乐会飞走。

你有没有注意到，当你快乐的时候，你总会有一些可怕的被约束着的想法，比如“小心摔下去”，“我何德何能，居然能享受这些？”或者“太走运了，简直不像是真的”。接着观察，你还会发现一些其他的恐惧，比如“我有没有忘记什么？”“好景不会长的”，“出什么问题了？”“炉子里的火好像还没熄”，“我会为此付出代价的”，“难以置信”，“我后门锁了吗？”“所有的好事都会到头的”，“乐极生悲”，诸如此类的想法。现在请听一听，先别往下读了，看看你还能不能想出别的这样的例子来。只有意识到这些可怕的问题，然后报以微微一笑，才能解决问题，这是跨越障碍的重要一步。

快乐降临的时候，感激之情和自我怀疑交织到了一起。恐惧心理促使我们将快乐隐藏起来。我们不愿让人知道我们的快乐，因为我们怕别人觉得我们好炫耀，自私，幼稚，或者被看做是不负责任的、容易飘飘然的人。我们最怕的是，过多的快乐会让我们的职业生涯面临困境。许多人的工作环境压力大，又毫无创新精神，在这样的环境下，一周之内有两天显得快乐，对职业发展是绝对不利的。

我们的思绪总是受到种种束缚，所以有时，我们觉得快乐就是一种亵渎。我们担心自己太快乐了会让别人情绪低落，招致嫉妒，或者被人抛弃。我们相信，一旦跨出"不算太糟"的领地，别人就会因为看到我们快乐而迫害我们，憎恨我们。

快乐的时候，我们不仅感到担忧，还感到罪恶。快乐在我们眼中不是给所有人的礼物，而是一个敌人，最终会让我们沉溺放纵，缺乏约束，价值观坍塌，没有规矩，没有管束，整个世界都会因此而毁灭。我们相信快乐是心中的恶念，而非自然的不受束缚的善念。而且，我们总有这样的恐惧，如果经历的痛苦太少，这世界就不能正常运转了！

别人也曾教育我们说，要相信上帝虽然可以容忍偶尔的欢乐，但是如果超过了半个小时，你就要为此付出高昂的代价，最糟糕的就是因此而激怒了上帝。似乎命运也令人扫兴，所以，快乐的时候，我们便十指交叉，屏住呼吸，避免走到梯子下面去，希望可以看到幸运的黑猫。

对于快乐的恐惧代代相传，而且每一代对于快乐的迷信都比上一代更甚，觉得快乐更神秘，更不可捉摸。我们也深陷其中，所以现在，患"快乐恐惧症"的人认为，快乐之后不会再有快乐，随之而来的是痛苦，难怪我们渐渐学会害怕快乐了。

几年前，我有幸见到了一位叫哈罗德的牧师。那时，哈罗德大概六十五岁。他中等个子，不胖不瘦，有点耸肩，就像扛着什么重物一样。哈罗德眉毛很浓，总是似笑非笑，一张脸长得很有个性。一种忧郁的气息时时伴随着他。

“罗伯特，我不开心很久了，所以我就来找你了。”哈罗德有个小他十五岁的妻子，哈罗德说她“活泼可爱，充满生气”。“最近我们好像疏远了。”他说。其实，哈罗德正把自己同世界隔绝开来，他感到越来越孤独，对什么都提不起兴趣，心情总是很低落。

“和我谈谈快乐吧，哈罗德。”一天，我对他说。现在，时隔多年，我已经记不起哈罗德当时的原话了。但是，我记得他说过：“快乐是我期待主在我的来生赐给我的东西。”我问：“那么来生之前呢？死之前能快乐吗？”谈话时，哈罗德的眼睛总是看着地面，我知道，他很困惑。“我不知道。”他回答说。

因为哈罗德是个基督教徒，我便提醒他，耶稣福音书就是一本关于快乐的福音书。我鼓励哈罗德再读一读《新约》，看看《新约》中是如何描述“主的喜悦”的，又是如何将喜悦称为“灵魂的果实”，将天堂称为“喜悦的王国的”。我反驳哈罗德说，天堂并不是天上的一个地方，而是一种选择，是他的一种意识。“哈罗德，如果你愿意，你现在就可以到达天堂，因为天堂像爱和快乐一样，总是在等着你，欢迎你，它没有规定你什么时候才可以去。”我说。

哈罗德和我见了好几次面。他是个不折不扣的绅士。他很感激我愿意和他在一起，而且我说的任何话，他都会点头，大加赞同。至少他非常喜欢那些他称之为“新概念”的东西。我想告诉他，我的观点并不是他想象的那么新颖。最后一次见面时，哈罗德说："罗伯特，我不知道，也许我根本不值得享受快乐。"我觉得，这就是问题的症结所在。

我不知道我到底能帮到哈罗德多少，虽然我时常想起他来。他教给我很多东西，他让我知道，除非我们相信自己值得拥有快乐，否则我们便不能完全接受快乐，因为我们会不停地质疑快乐，约束快乐，最后将快乐推开。实质上，快乐也许是我们需要面对的最大挑战，因为

快乐要求我们获得内心的平静。

驱散疑云

我们当然希望快乐，但是我们不清楚快乐究竟是什么。

多少次，你带着进入快乐境地的门票去寻找快乐，到头来却发现这张票根本没有用！多少次你对一样东西穷追不舍——事业，关系，位置——坚信快乐就在你追逐的东西里面，但追到之后才发现，快乐已经不见了踪影。我们一生都为了得到快乐而劳作，却从没有弄明白快乐究竟是什么。

表达快乐的时候，我们所使用的语言可以表明我们对快乐理解了多少。语言流露了我们的想法，若非思绪混乱，我们决不会用痛苦来描述快乐。请看下面几个例子吧：

“我玩得开心死了。”

“好得一塌糊涂。”

“真劲爆。”

“酷毙了。”

“好得要命。”

“真是疯了。”

“震了！”

“猛！”

“好得可怕。”

“好得吓人。”

“棒死了！”

“真邪乎。”

“美死了！”

“真火暴！”

“好得要死！”

“好得让人害怕！”

“好得简直要犯罪了。”

“想见你想得要死。”

“豁出去乐一下子。”

“不是真的！”

我们的困惑和幻灭是分不开的。眼前快乐的感觉被过去无法摆脱的痛苦和失望所掩盖。所以，我们仍然在梦想得到快乐，但同时又担惊受怕，愤世嫉俗。困惑无边无际，遮蔽了天日。喜剧演员伍迪·埃伦的文字中充分暴露了我们精神上的问题：

> 爱是痛苦的。想避免痛苦，只能不爱，但是不爱又是另一种痛苦。所以，爱是痛苦，不爱也是痛苦，不管怎样都是痛苦的。快乐就是爱。所以想要快乐就必然会痛苦。但是痛苦剥夺了快乐，所以不快乐就必须去爱，或者，爱上痛苦；或者，承受因过多的快乐而造成的痛苦。

有时候，我们找不到地方让快乐，也就是不受束缚的自我停泊。人们用同样的方式脱离了大自然的母体，远离了内心的快乐，以致不明白真正的快乐究竟是什么。实际上，我们离快乐太远，我们甚至怀疑内心的快乐是否真的存在，因为它给我们的感觉太陌生，太不真实。

我们的困惑不是天生的，而是后天培养出来的，也是可以忘掉的。它绝不是原本就属于不受束缚的自我的。对于不受束缚的心智来说，快乐是自然的；对于自我或者受到束缚的心智来说，快乐是具体的。对于不受束缚的心智来说，快乐是内在的；对于自我来说，一切美好的东西都是外在的。对于不受束缚的心智来说，快乐是永恒的；对于自我来说，快乐从来都不会延续。对于不受束缚的心智来说，快乐是自由的；对于自我来说，快乐需要经历过痛苦、牺牲和付出之后才能获得。

所以，外界的约束条件让我们迷惑。受到束缚的心智就是一种困惑的意识。所以，受到束缚的自我不仅仅对快乐感到困惑，它对一切都感到困惑，包括爱、生命、上帝、目标以及你真实的身份。后天形成的困惑有三种情况，如图 2 所示。

第一种情况是你对快乐的误解。什么是快乐？是肉体的欢乐，世俗的追求，自觉地选择，精神的愉悦，还是其他？第二种情况是我们自己创造出了不必要的束缚和前提，认为快乐是要“争取”的，是我们努力“赚来的”，是我们“应得的”。第三种情况是我们对于快乐的可怕认识，也就是我们的“快乐恐惧症”。

所有强加于快乐之上的束缚都是后天的，而且是不真实的。其实

你和快乐之间的任何障碍都不是真实的，
而是幻影，是你内心的困惑。

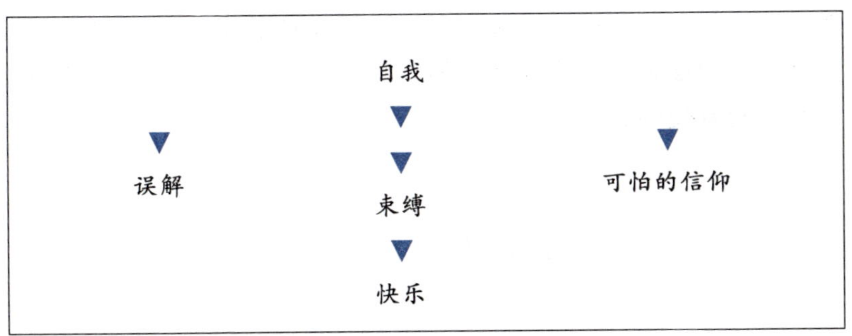

图 2

我知道，你常常觉得快乐离你很远很远，它在世界的另一端，甚至在另一个星球上。以前，我也常有相同的感觉。虽然那些痛苦的时刻感觉那样真实，但我们必须认识到，它们都不是真的。这样的痛苦不过是幻影(也就是说，这不是发生在你身边的真相)。实际上，所有痛苦的产生都是因为你一念至诚地将假作真。

研究快乐几年之后，我终于明白，我们和快乐之间没有距离。所以我相信，疗伤的旅程并不是实际的旅行。那是一次心灵之旅，是从幻影中寻找真相，从黑暗中寻找光明，从恐惧中寻找爱的旅程。在这次旅行中，我们的内心将会舒展。

所以，想要快乐，就必须消除误解，摆脱虚假的束缚，忘掉可怕的信念。我有两个朋友，叫艾迪和德比·沙皮罗，他们都是心灵的医师，心光明亮，他们把消除误解的过程称做“解脱”。我还记得我和米兰达第一次去英国乡村的中心区域参加他们举办的聚会。艾迪在屋子前面宣布：“我为你们创立了一个新的教派——解脱！抛弃你们对喜悦的恐惧吧！”

还是到达了那里！

米歇尔是我的一个客户，他是心理学家所说的典型的“郁郁不乐的成功人士”。他很富有，名气很大，有权有势，现在人到中年，却很不快乐。他一生都在“追求快乐”，但是在他看来，他从来就没有得到过“快乐”。所以，他找到了我。我们已经见了十多次面了，彼此相处得很好。

上次会面，我问米歇尔："关于快乐，你学过的最重要的一课是什么？"米歇尔愣了一下，有整整两分钟的时间，他没有说话。然后，他笑道："我二十多岁的时候拼命工作，希望自己在三十岁的时候能够开心；三十多岁的时候，我每天都在奔忙，希望四十岁的时候可以开心；四十多岁的时候，我把一切都赌上了，希望自己五十岁的时候可以开心。现在我五十岁了，我不想等六十岁才能快乐！我一生都在挣扎着寻求快乐，而不是在享受快乐。我决定不再找了，我要享受眼前的快乐。"

寻求快乐的过程会带来很多不快。

我们一出生就开始满世界地寻找快乐。几个世纪以来，我们听了无数的故事，关于圣杯，哲人之石，亚瑟王魔剑，金色羊毛，约柜，真理秘笈，隐蔽的神庙，长生不老药，灵魂伴侣，炼丹术和魔术，彩虹尽头的金壶，金砖路，等等。

所有这些故事都说明，我们相信快乐一定在我们身体之外的某个地方，而不是存在于我们的心里。于是，恐惧便乘虚而入了。实际上，恐惧源自一个错误的信仰：快乐在别处。

我们一直坚信，世界把属于我们的快乐攥在手中，所以我们走遍这个世界，猎取一切形似快乐的东西。我们挣扎着，奋斗着，我们的痛苦比邻居，比父母，比任何我们认识的人都要多，因为我们正努力前行。越是向前，越是失去快乐之心。换言之，我们越是追求快乐，越是忘记如何才能快乐。

我们紧紧盯着这个世界，视野里容不下其他东西。我们想认识世界，所以对自我的认识便被蒙蔽；我们需要得到承认，为众人所接受，所以我们不再随心所欲地表达内心的想法；我们要让世界知道，快乐是我们应得的，所以，我们忽略了对自我的认识。我们心甘情愿地将灵魂卖给了外部世界，因为我们觉得，灵魂给不了我们任何东西，而外部世界却是什么都有。

我们追求快乐追求得上了瘾，所以，为了得到快乐，我们不择手段。我们欺骗，撒谎，偷窃甚至谋杀。很快，追求快乐取代快乐本身成了我们生活的目标。更具讽刺意味的是，

我们追求快乐的瘾太大，当快乐降临的时候，
我们根本就没有做好接受的准备。

看看这个社会，看看我们自己创造的生活方式吧。现在，我们太忙了，无暇享受快乐。我们活得太匆忙，来不及享受快乐。我们太关注光明的未来，没空享受快乐。我们每天的日程安排不允许我们离开现在的旅途，停下来享受快乐。我们忙着向“快乐之境”进发，但是，我们越是追求快乐，快乐便逃得越远。

追求快乐是我们最大的错误。那是虚境，是幻影，是谎言，是自我的产物，是相信美好的东西都存在于心灵之外的结果。外部世界里没有你的快乐，你的快乐在你心里。当然，如果你愿意，有些事，有些经历，有些人可以帮助你重拾快乐，但是，如果你自己都拒绝审视自己的内心，那么谁都帮不了你。

追求快乐实际上就是否认快乐。

追求快乐注定要失败，它建立在谎言的基础之上。其实，快乐不在心灵之外。

在你意识到快乐不在别处之前，你一直都处于对快乐的追求中，却永远也没法触及快乐！你只能不断地挣扎，但永远到不了目的地；你只能不断地寻觅，却永远也看不见快乐。你奔波劳碌，却永无宁日。如果你坚持认为自己的内心不可能平静，你又怎能停下休息呢？

还有一个问题。你有没有想到过，因为你没法接受自我，所以才会走上歧途去追求快乐，并且越陷越深。换言之，不管你追求的是什么，和平也好，快乐也好，爱也好，上帝也好，这些都是你目前不能接受的东西。所以，你追求快乐是因为：(1)目前你还不能接受快乐；(2)你不能接受一个事实——快乐就在你心里，在不受束缚的自我的心里。

可笑的是，追求快乐的时候，你唯一愉悦的时刻就是偶尔允许自己休息，放松，暂时不再追求快乐的时候。想想看，如果你敢就此打住，再也不追求快乐，那么你会享受到怎样的喜悦。想想看，如果你不再追求快乐，而是开始接受快乐，允许快乐就此现身，那么你将变得多么无畏，多么有创造力，又多么平和，你可以自由自在地将这个世界欣赏个够。

再多一样东西!

快乐不在别处;
快乐在你心里。

我小时候所受到的最好的教育和学校完全无关。学校教给我的是学术知识,而教给我人生最有价值的一课的,是我的家人,尤其是我的祖父母。

很多人都认为我父母的婚姻是一个错误,那是典型的“贫富结合”,顺便说一下,别和“战争与和平”混淆起来。我的母亲是贵族,来自上流社会,嫁给我父亲的时候,她年轻美貌。但我母亲家里从来就没想过她会嫁给一个像我父亲那样的人。我的父亲要挣钱养活自己,因为他出身劳动阶层。

人们对我父母的婚姻向来众说纷纭:受人误导,上天保佑,错误,真爱,命中注定,母亲的叛逆,父亲的乐观,等等等等。母亲嫁给父亲之后,家里立刻就断了她的继承权,我想这可能既是惩罚也是警告。

小时候,我就知道我们家总是缺钱。印象最深的事情有三件:第一,我们一直都住在租来的房子里,其中一所房子在一幢破烂的塔楼里,就在一条繁忙的铁路边上,房间里只有一张床;第二,我十一岁生日那天晚上, 爸爸妈妈叫我去参加一个紧急家庭财务预算会议;第三,我们有一张棕色的皮沙发,又大又脏,都已经裂开来了,那是从拍卖会上花了五十便士买回来的,它是我们的骄傲和乐趣。

拜访爷爷奶奶外公外婆都是很尴尬的事情。爷爷奶奶住在英格兰南部沿海地区一个叫做西佛的小镇上,离布莱顿不远。他们住在一所小公寓里，楼下是一家卖炸鱼和炸薯条的小店。那里有三种气味我至今记忆犹新：(1)烟味——我爷爷奶奶抽烟都快抽成烟囱了；(2)健力士啤酒——爷爷奶奶都爱喝；(3)从楼下炸鱼店里飘过来的不新鲜的油渣味。有好几个暑假，我们都是和爷爷奶奶一起过的。

我的外公外婆住在英国乡村特怀福德的中心区域，就在温彻斯特附近。平时我们总有机会见面，基本上是每隔一周去一次，因为我们家离那里只有几英里的路。外公外婆的宅子很大，周围是占了好几亩地的花园和农田，一条美丽的小河流过，还有满是奇花异草的果园，园子里有桃子、油桃、草莓、覆盆子、醋栗和其他果子。果园很漂亮，外人也可以进去。我母亲有两个姐姐一个哥哥，他们住的地方也有这么漂亮，我们常去拜访。我们和他们之前的差距大得惊人，让我无所适从。

父母亲一方的家庭要什么有什么，而另一方则什么都没有。但我敢把手放在胸口发誓，那些豪宅里的欢乐并不比小公寓里的多。相反，我记得笑声往往是回荡在那所小公寓里，而不是那些豪宅里。

请注意，我不想对你们说，金钱让人痛苦。我不会举起“金钱是万恶之源”这样的旗帜的。相反，我觉得钱很重要！但是，我很小的时候就知道，钱不能使人快乐，更确切地说，钱可以为你创造快乐的条件，但是它本身不能让你快乐。

这让我想到了另一条很重要的快乐准则，这是我“快乐计划”教学的中心内容：

外界所有的东西都不能让你快乐；
外界所有的东西都可以为你创造快乐的条件。

我们总是以为,只要再多一样东西,我们就可以快乐了。自我的思想受到了束缚,总是认为缺了点什么东西。所以,我们就去寻找那缺失的东西来拯救自己。但是,不管我们买了多少东西,收集了多少东西,我们还是觉得缺了点什么。实际上,我们真正缺少的只是一种不受束缚的意识,我们没有意识到,其实我们什么也不缺。我们已经完整了。

如果你自己不相信快乐就在你心里,什么都没法让你快乐。请看:

有些人,家里连洗碗机都有了,却不快乐。

有些人有立体音响电视,还配有遥控设备,却沉浸在悲伤里。

有的男人身穿阿玛尼却仍然自卑。

有的女人买得起一打古奇牌手表,却没有属于自己的时间。

我有些朋友结了婚,过得很快乐;也有些朋友结了婚却过得不快乐。

有些朋友很有名气,喜欢他们的人数不清,可是他们却没法爱他们自己;有些朋友雇得起清洁工,但自己的生活却还是一团糟。

有些人家财万贯,却仍觉得一无所有。

我曾和大型跨国企业的管理人员共事,他们仍觉得自己没有成就。

有些朋友希望为人父母之后能够快乐——有些人如愿以偿,有些人却愿望落空。

有些女人戴着真正的钻石,但生命中却燃不起一点火花。

有些男人开着跑车,却从来都找不到目的地。

关于快乐，或者“精神财富”所做的心理和社会调查得出的结果普遍都是这样，人们普遍认为“什么都没法让人快乐”。正如追求快乐的过程不能让你快乐一样，物质财富也不能让你快乐。社会心理学家大卫·梅耶斯曾经写过一本很有名的研究报告，叫做《追求快乐》。在这本书中，他收集了很多关于快乐的调查结果，他得出结论：

> 无论我们所作的关于快乐的报告，还是抑郁的概率和青少年问题都显示，虽然三十年来我们的物质财富越来越多，但是快乐和满足却没有丝毫增加。这样的结论令人震惊，因为它和这个社会物质财富的增加恰好相反，但是，我们又怎么能够忽略这样一个不争的事实：即便我们越过了贫困线，但是，经济的进一步增长不一定会提高人们的道德素养。赚钱是许多毕业生和20世纪80年代美国追梦人的目标，但是赚钱赚不来幸福。

也许你听说过一个很老的笑话——“没有什么能让我快乐：贫穷和富有我都试过，但是都失败了！”物质主义本身并没有善恶之分，只是单凭物质主义是无法得到内心的快乐的。这个世界不是为了满足你的需求才出现的，它的出现只是为了向你说明，你没有需求。

人们感觉抑郁的时候总是会说：“没有什么能让我快乐。”这是事实！实际上，抑郁的第一步通常是幻灭。世界让我们看到快乐模样，却不让我们见到快乐的根源。那种感觉就像是看到一本花哨的

旅游宣传册却没有办法去旅游一样。要走出抑郁，就必须明白：(1)这个世界不能让你快乐；(2)快乐在你的心里。

总之，没有什么能真正地让你快乐，但是所有的一切都可以鼓励你去选择快乐。钱买不到快乐，但可以帮助你选择快乐。安全感固然重要，但它不是快乐的前提或保证。健康也很重要，但它也不能让你快乐。锻炼可以增强体质，我强烈建议你多多锻炼。良好的饮食和睡眠习惯也是至关重要的。但是，即使你身体健康，不缺维他命 C，每天有八小时的睡眠时间，你还是可能郁郁不乐。没什么东西可以迫使你选择快乐，选择快乐是你的本能。

“没有什么能让你快乐”和“世上一切都可以鼓励你快乐”这两条原则有一个相反的说法，那就是，

世上没有什么能让你悲伤，但是一切都可以鼓励你悲伤。

这个世界不能剥夺你快乐或者悲伤的权利。虽然表面上看起来，这个世界总是想方设法地剥夺你选择的权利，但实际上，它没有这个能力。生活中的种种很可能会蒙蔽你的双眼，让你看不到这个选择，但是，这个选择的机会是不会被毁掉的。实际上，快乐还是悲伤的决定权始终在你心里，不管你自己是否能看见。当我们一时看不见这个选择的时候，我们就会向外界求助。

只有你才能决定是否快乐

工作之余，我可以在高尔夫球场，聚会上，或者度假时遇上形形色色的人，我们的谈话总是离不开“你是干什么工作的？”这个问题。每次我都犹豫着要不要回答，但是最终我都会说：“我研究快乐心理学。”紧接着总是一阵很长时间的沉默，加上尴尬的眼神，不自然的肢体语言，最后，对方才敷衍着回答道，“哦”或者“哎呀”或者“不错啊”。有时人家也会问我：“快乐不就是快乐么？”

社会上对于快乐有三种理解：(1)快乐是运气；(2)快乐是一个环境；(3)快乐是一个决定。

《牛津英语辞典》将快乐定义为“幸运，满意的感觉或情感”。这几年来，我为电视和广播节目做过不少关于快乐的调查，在这些调查中，我采访了数以千计的人。被问及“什么是快乐”的时候，最常见的答案是“买彩票中奖”或者“赌马中奖”或者“赌球中奖”。快乐成了赌注，就等同于运气。

“快乐就是运气”这个观点是有问题的。如果这样认为，那么你在生活中就找不到自己所应扮演的角色。把运气当做最大的希望，你的生活你的快乐都掌握在别人手里，而你则只能干等着骰子掷出你想要的点数。单凭运气，你就没有权利决定自己的生活。你的生活由上天注定，而不是靠自己决定。通常，把运气看做生活赌注的人都觉得自己是这个世界的受害者。

第二个观点是“快乐是一个环境”，这个观点是很常见的。有些环境，特别是你认为“好的”或者“正确”的环境，可以让你满意，但是，我要向你指出，“世界上没有什么能让你快乐；一切都可以鼓励你快乐”。换言之，没有一个环境可以保证你百分之百地快乐。

“快乐是一个环境”这一观点还说明，能否活得快乐完全不是由我们自己决定的，正如相信快乐是运气一样。换句话说，只有当你觉得周围环境“很好”的时候，你才可以获得快乐。但是，如果你的衬衫上被泼上了红酒，你的车坏了，或者你的孩子又把饼干塞到播放机里去了，那时候你还快乐吗？你的快乐到底有多坚固？

有一次，我在当地医院花了一整天的时间培训员工，在此期间，我结识了一个叫克里斯托弗的朋友。克里斯托弗已经一百零八岁了，他是医院里最年长却最有活力的病人。上次他过生日的时候，我问他：“生活的秘诀是什么？”他的回答充满了幽默和智慧，我永远也不会忘记。他说：“啊，罗伯特，我告诉每一个人，人生的前一百年是最具有挑战性的，过了一百年，活着就容易多了！我也告诉别人，生活有10%受环境的影响，但是90%取决于你对待环境的态度。”

“快乐是一个决定”的观点合情合理，是正确的。曾有一个同事告诉我一段话，这段话是约翰·荷马·米勒先生说的：

环境和形势确实能为生活增色，但是，上天赐你智慧，去决定应该选择什么样的颜色。

生活蕴满力量，但是，关于生活的思想力量更大。我在一本叫做《精彩生活》的书中写过：

生活有一种神奇的力量，能够化疲惫为精力，化绝望为喜悦，化焦虑为动力。这种力量能让坏事变好事，让错变成对。“沮丧”可以变为“振奋”，“不幸”可以变为“幸运”，“失败”可以变为“成功”的序曲。这种神奇的力量可以帮你决定生活。

可喜的是，只要你愿意，你就有绝对的权利去运用这种力量。如果你愿意，你就会发现，生活中的障碍都奇迹般地变成了机会，劣势成了优势，失败成了突破，让人不快的结局成了全新的开端。如果你还没猜到这种力量是什么，就让我来告诉你，它就是思考的力量。

20 世纪后半叶，在较有建树的心理学派中，支持“快乐是一个决定”这一观点的越来越多。我们也可以这样说，“不管画本身是什么样的，最终起作用的还是画框，那就是你的思想”。环境有一定的作用，但是你的态度才是关键。休·唐斯曾写过：

一个人快乐并不是因为他处在某个环境中，
而是因为他能摆正自己的态度。

“快乐是一个决定”的观点认为，态度为主，环境为辅。这个观点告诉我们，不管发生什么事，是否能获得快乐、成功、爱和心灵的平静，决定权都在你自己手里。要记住这一点，有时候很容易，有时候却又很难。你觉得难，也是因为你忘记了必须求助。

认为“快乐是一个决定”的人感觉很好，觉得自己充满力量，但是，就连这个观点对真正的快乐的理解还是有局限的。比如说，当你情绪低落，精神上受到折磨的时候，你有没有想过你的快乐变成了什么样子？快乐是不是像一缕青烟一样一下子便散去了呢？这个世界是不是能轻而易举地把快乐四处乱放？快乐真有那么脆弱吗？

与普遍的观点相反，真正的快乐不是变化无常的，不是琐碎细小到难以保管的东西，它不会来来去去，一会儿有，一会儿无，前一秒还向你问好，下一秒却又向你告别。真正的快乐是忠诚的——它不会也不能离开你。

真正的快乐是持久的，不是暂时的；是坚固的，不是脆弱的。不要把快乐看做身外之物，觉得它会靠近你或者离开你，要把快乐看做内在的潜力，它一直跟随着你，不管什么时候，你都可以动用这样的潜力。实际上，

快乐不会来来去去，
一会儿来一会儿去的是你对快乐的感知。

最重要的是，我的工作教会我，不管你的痛苦有多大，不管你的情绪多低落，不管你受到了怎样的伤害，不管你有多绝望，多愤怒，多难过，多害怕，不管你感觉有多糟，你享受内心平静和快乐的潜力始终不会丢失。正如空中的云层可以遮挡太阳却不能毁掉太阳一样，恐惧和痛苦可以遮挡快乐却不能毁掉快乐。快乐的潜力始终都在你心里。只要思绪稍有波动，快乐便如约而至。

快乐是不受束缚的自我的本质，快乐是存在本身的装饰。所以，快乐并不存在于某种经历的最表层，它在中心。它不是山的顶峰，它是山的中心。当你把约束全部抛弃，独立于世界之外存在着的喜悦便显露出来了。我觉得，作家J·唐纳德·瓦尔特最为精妙地描述了这种喜悦："它是我们内在本质的金子，深埋于外在欲求的泥淖之下。"

这种喜悦不在你体内，因为你本身就是喜悦。我记得，读《奇迹课程》中一段话时，我被深深感动了，因为这段话也强调了这个理念。书上是这样写的：

> 要理解"天国在你心里"不是一件容易的事。因为"自我"不会明白这个道理，在"自我"看来，这句话不过是在说，某件外在的东西存在于人的内心，什么意义也没有。"在你心里"这个词根本是不必要的，"天国"就是你自己。

所以，对于快乐有一个更加精辟的理解，即快乐是不受束缚的自我的本质。

当你真正感到快乐的时候，你才是你自己。

鲁米，圣杯和你真实的身份

著名的伊斯兰教苏菲派神秘主义诗人鲁米曾给我们讲过一个故事，故事中，他敲响了他所深爱着的上帝的门。“谁呀？”门内有个声音问道。“是我，你最爱的鲁米。”他回答说。里面那个声音说：“你走吧，里面容不下我们两人。”鲁米万分沮丧地离开了。经过一番深思和祈祷，鲁米再次来到那所房子跟前，敲响了门。“谁呀？”他深爱的声音问道。“是你。”话音刚落，房门打开，鲁米受到了热烈的欢迎。

当我们追求快乐的时候，实际上我们追求的是不受束缚的自我，因为真正快乐的经历就是自我的经历。这个世界充满暂时的欢乐，却无法让你的内心充实。你越是相信快乐就是你的本质，你便越能感受到这个世界的快乐。需求越少越自由。

作家约翰·皮帕的《如何快乐》一书中有一段精彩至极的文字。他写道：

> 我们都知道，我们在世间穿梭，寻找圣杯，在圣贤的文字中搜集线索，希望知道它现在何处，我们与黑夜争辩，想把它据为己有，我们让世俗礼教束缚自己，我们走过爱情铺筑的浪漫之路，也走过坎坷和困难铺筑的黑暗之路，我们不知道付出了多少努力，而最终筋疲力尽，不得不停下休息，但是，快乐却仍然遥不可及。终于，我们发现一件荒谬的事情：再没

有地方让我们去找了，所有的语言都消失了。兄弟姐妹再不用奔走寻觅。答案就在这漫漫长夜之中亘古不变的荒原之上，除了这里，别处再没有答案。圣杯就是我们自己。

每次你对快乐说“是”，其实就是对不受束缚的自我说“是”。如果快乐成了你的本来意图，那么你便抛弃了后天学来的所有的防御、疑虑和恐惧。痛苦会把你困在过去，阻止你享受现在的快乐，如果快乐成了你的本来意图，过去的痛苦就会离你而去。

几年来，我创作了不少祷文，为的是更加坚定快乐和自由的目标。目标是关键所在。我有一则很喜欢的祷文，是用来向上帝祈祷的，它能够进入到不受束缚的自我的心里。祷文是这样的：

亲爱的上帝，
我不知道怎样才能真正快乐。
此时此刻，请告诉我，如何让
真正的快乐散发出光芒。
此时此刻，
我把所有对于快乐的可怕误解和盘托出。
此时此刻，
我把所有存在于我和快乐之间的虚假约束都交给你。
此时此刻，
我把我对快乐的恐惧交给你。
告诉我，亲爱的上帝，
如何轻松、自在又自然地接受快乐。

告诉我，亲爱的上帝，
如何轻松、自在又自然地传播快乐。
告诉我，亲爱的上帝，
如何平等地接受并传播快乐，
化身为快乐。

欢迎光临欢笑诊所！

减压诊所开业大概三年之后，我打算从根本上改变一下自己的工作，因为我的工作一直都紧盯着问题不放。我所奉行的原则是，先解决所有问题，然后再谈快乐。现在，有一种把哲学放在第一位的新哲学出现了，我已开始明白，

全心全意承认快乐就是一剂良药。

没有问题不等于快乐，快乐是帮助你解决问题的一种力量。如果说生病是不快乐的症状，那么现在回归快乐就能帮助你治愈疾病。我开始明白，把一块冰放在太阳下，它会融化，在内心的快乐面前，恐惧也同样会消失。总之，快乐能摆脱束缚，重获自由。

明白了这个道理之后，1991 年 9 月，我在英国开了首家欢笑诊所。我得到了政府和国家健康服务机构的支持。首先，最重要的是把爱、欢笑、幸福和快乐当做自然的，不受限制的良药。

我们的方法分成四个方面:(1) 我们一周至少进行一个项目,主题都与不受束缚的快乐相关;(2)我们会从医学、心理学、哲学和宗教几个领域尽力收集关于快乐的资料,并加以整理,有效利用;(3)希望在事业上有所发展的客户,我们会对他们进行专业的健康培训;(4)我们要通过电视、广播和报纸传播爱、快乐和欢笑,让这些媒体不再以搜集"更多负面新闻"为目的。

欢笑诊所开张后不到一个月,就有五百多人前来咨询,而减压诊所开张的第一个月,到访人数不足十九人。大家这么热情,这么有兴趣,我们很高兴。很明显,这种新的办法很吸引人。欢笑诊所开班三年之后,便改名为现在的"快乐计划"。

我们的项目很快就大获全胜。现在"快乐计划"已经解决了上千个问题,给五六百名甚至上千名观众作过演讲。有的项目非常受人欢迎,比如"天使会飞翔,因为它们心境轻灵",这个项目讲的主要是自我接受的艺术;"如何在不产生负罪感的基础上最大限度地享受快乐",这主要研究快乐与自尊之间的关系;"快乐是一种旅行的方式"主要研究眼前的快乐;"欢笑长存"则研究灵性与快乐之间的关系。

两万多个医生、护士、心理学家、咨询师和其他临床医学家参加了由"快乐计划"举办的专业培训。我们对世界上几千家媒体作出了直接的贡献。

就我个人而言,最难忘的经历是在 1996 年 8 月,BBC 把我的工作经历冠以"如何快乐"制作了一段四十分钟的待证纪录片,跟踪拍摄了三个自愿者,卡洛、德恩和凯斯,他们参与了八周个人快乐计划的制作。当晚大约有五百万观众观看卡洛、德恩和凯斯的进展情况，我们还另外请了科学家核实，这些科学家都做过一系列哲学和心理学方面的研究。

这几年来我得到了很大的帮助和支持。我的妻子米兰达想尽办法推动“快乐计划”的发展。最近，我的兄弟德维德帮我管理了两个项目：快乐计划和另一个被我们称为“深沉有意义培训公司”的项目。本·伦肖和艾利森·阿特维尔也给了快乐计划很多帮助。要感谢的人还有很多！

快乐计划过去是而且现在也是一次辉煌的旅行。我现在明白了对于快乐的研究是一次自我发现旅行，在旅行中，你可以和自我近距离接触。通过对快乐的观察，特别是对快乐的渴望，有时甚至是抵制，我们可以不断地帮助自己和他人。

第三章　足够好

克莱尔慷慨陈词四十五分钟，说的全是自己的不足。最后，我忍不住打断了她："你喜欢自己哪一点呢，克莱尔？""什么？"她问道。"客观地说，你有哪一点值得喜欢呢？"克莱尔愣在那里，说不出话，只给了我一个僵硬的笑脸。我接着问："你能回答我的问题吗？""我不知道，"克莱尔说，"以前没人教我往那方面想。"

在做"快乐计划"的三年，我见了成百上千名顾客。从某个角度看，

每个顾客各不相同，但是从另一个角度看，他们又没有差别。

比如说，酗酒的人看上去就和得厌食症的人很不一样。与此类似，患抑郁症的人和刚刚从心脏病的困扰中死里逃生的人也是不一样的。旷野恐惧症患者和压力过大的人看上去也不可能相同。所有的人都不一样，不同的情况都有不同的名字，但是，如果深入下去看，他们患的其实是同一种病。

疾病不会不招自至。无缘无故是不会酒精中毒的。酒精中毒只是结果，不是病因，只是症状，不是疾病本身。酒精中毒不是主要的病，主要的病其实是自我评价自我责备过于频繁，不得不依靠

酗酒来缓解压力。抑郁，压力，愤怒，以及其他承蒙医学和心理学教授赐名的疾病，或多或少都和酗酒有相似之处。自我评价才是真正的疾病。

根据我的经验，每种痛苦、疾病和不快乐的背后，都是可怕残酷的自我评价，缺乏爱，不能接受自己，复杂的症状接连不断，没有终结。喜悦的时候，我们不会生病，因为我们摆脱了恐惧和评价的束缚，满心欢喜。但是，如果我们对自己的评价过于严苛，又总是自怨自艾，那么疾病必会随之而起。

我们都是一样的，因为

我们都处于一个极端严酷的环境中——持续的自我评价。

不受束缚的自我是完整的，所以不用评判。如果你所知道的全都是爱和完整，那还有什么好评判的呢？你一定知道，当你感觉快乐而完整的时候，你不会想到去评判。完整是令人喜悦的，而不是催人作出评价的。所以，对于不受束缚的自我来说，自我评价不是自然而然的，而是后天习得的。它属于受到束缚的自我，因为受到束缚的自我怀疑“善皆在外”，害怕“缺少了什么东西”，思索“我是谁？”

你学会了评价自己，批评自己，责备自己。不管其他人对你的评价多么严苛，你对自己的评价总是最严厉的。实际上，你把最苛刻的标准、评价、批评和惩罚都留给了自己，这不是自然的。曾经你可以全盘接受自我，你曾是自由的，但现在，

对待自己，你比谁都严厉。

不受束缚的自我依然自由，但自我却仍在评判并禁锢自己。受到束缚的自我拒绝接受一切，同时却要评判一切，包括快乐。评价不只是一个习惯，它是一种生活方式。你的评价弄脏了你的窗子，破坏了你的视野，把你所看到的一切都过滤掉。实际上，你看不到任何东西的本来面目，你看到的，只是自己的判断。所以，你看不到自己的美好、完整，以及你的心光，你只看到，你还能“做得更好”，你还可以“做更多的事”。

受到束缚的自我害怕自己内心空虚，不够完整，害怕“快乐在别处”，所以它不断地评价、催促、逼迫并且惩罚自己，以弥补内心的恐惧。它所害怕的东西成不了事实，但是，你却相信它们有可能成为事实。你的自我是个瘾君子。实际上，

“你不够好”这个想法是最让自我上瘾的地方。

对这个想法上瘾，对其他事情也会上瘾，比如过于依赖关系，竞争心理极强，好与人攀比，嫉妒，羡慕，让人苦恼的完美主义，不断地自我评价，缺乏决断力，以及对快乐的永无止境的追求。对这些东西上瘾，对一些能够提供暂时的安慰和逃避的行为就也会上瘾，比如暴饮暴食，酗酒，强迫性行为，非法使用药物。

如果你不断地作出自我评价，便不能充分享受健康、爱和完整。所谓的疾病，如压力，抑郁，都不是开端，真正的开端是过度强调恐惧和自我评价，这可能会招来疾病。治疗吹毛求疵、恐惧、评判和自怨自艾的药方就是学会善、爱和真正的自我接受，这才是真正的良方。

一直以来，我都从未见过哪个病人是因为对自己太好而饱受折磨的。

自我拒绝善意，因为自我相信评判能够给你带来些什么。自我认为，没有评判，你就会“落后”，就会变得自满，懈怠，处于不利地位，最重要的是，会“犯错”，会“变坏”，会“一无是处”，“不够好”。不断的自我评判最后只能以爱告终。为了不受疾病困扰，我们必须重新学着去爱。因此，所有的疾病和不快都是爱的感召。

像我的客户克莱尔一样，当别人第一次问我“罗伯特，你喜欢自己哪一点？”的时候，我也是当场愣住。那时，我正在作关于健康和治疗的讲座，而且，我清楚地记得，那样一个简单的问题如何一瞬间就在我心中激起了轩然大波，喉咙干涩，心跳都漏了几拍，呼吸险些停止，汗开始往外冒，突然想上厕所，而且说不出话，恐怕连耳朵都跟着动了！

自我接受对于不受束缚的自我来说是自然而然的，就像自我评价对于自我来说自然而然一样。你必须在束缚和自由之间作出选择。你要甘愿接受你自己——不受束缚的自我——否则你将无法接受你所渴望得到的一切。如果你不能接受自己，那么你所渴求的快乐、平静和爱都不可能出现。

独自在家:是恐怖片还是关于爱的故事?

所有人的悲哀都是因为不能在空屋里独坐。

——布莱斯·帕斯卡

我们每个人的生命中都有转折点。学习"交流"的第二年,在一个周末,我就遇上了一个转折点。那时我只有十九岁,但那时发生的事情却足以改变我的一生。

对于学生来说,周末就是一切。周末可以约会,聚餐,开舞会,和朋友在一起,组乐队,回家,享受浪漫,摆酷,疯狂,总之,想干什么就干什么。回过头看看,我想起来,几乎每个礼拜,从礼拜三的下午开始,我们的注意力就转移到即将到来的周末上去了。大家问的都是"你打算干点什么?""你会去见谁?""你收到舞会邀请了吗?"这样的问题。

我想,我应该是在一个礼拜四的早晨感觉出一点恐慌的。我的朋友阿凡提告诉我,这个周末他要离开,他打算到伦敦去旅行。而那周的周末,我又得知,菲利普要回兰开夏郡,詹姆斯也要出去,保罗则打算参加一个耗时一整天的"为和平而战"活动。周五下午,我意识到,我所有的朋友都无一例外地离开伯明翰去过周末,那时,我真的慌了。

我记得那个周五下午,我回家了,回家之后就到处打电话,希望能找个人陪我一起度过那个夜晚。我先打电话给名字首字母是"A"的朋友,然后又找了首字母是"B"的,依次找下去,连我不太熟悉的人都找了——“你好，我是罗伯特，罗伯特·霍尔登。就是棕色头发，六英尺高，心理学课上坐最后一排的那个罗伯特……”没有人，没有一个人有空陪我。晚上七点的时候，我不得不面对一个可怕的状况——独自一人。

“独自在家”一会儿我可以忍受，但是整个周末，整整六十五小时都独自在家，一直等到周一上课——这就太可怕了！直到现在，我规划生活的时候都要保证，我不能一个人待太久。起初我只是担心，随后便成了恐慌，最后则完全变成了惧怕，那情形就像是在看恐怖片！

我记得我曾暗自思量：“我好像出了点差错，和自己相处有什么好怕的！”我还突然想到，如果我觉得和自己相处那么可怕，又有什么理由觉得和别人相处就会很精彩呢？我知道我遇到大麻烦了。

改变我一生的便是接下来我作出的一个决定。我决定要拦住自己，不要逃离自我。我把电视机的插头给拔了，接着又拔掉了收音机的插头，还把传真机接线和电话线给拔了。随后，我躺到自己床上，盯着天花板。很快，我便开始嚎啕大哭，止也止不住。哭了很久我才觉得有点口渴，要喝点水。我感受到了体内有波涛接二连三地涌上来，我只能说，那肯定是自我厌恶的心理在作祟。那天晚上，我基本上没睡着。

整个周六的早晨，我一直挣扎着和自己搏斗。有时候，想看电视，听收音机，或者是给家人打电话的欲望盖过一切，但我明白，那些欲望只不过是要让我分神。我感到，自我怀疑，自我厌恶的心理已经追逐了我一辈子，现在，我终于不想再逃了。

每深吸一口气，都会有一种不同的感觉。我决定，干脆就看一看，这些年来我脑子里到底储存了多少对自己的恶评和厌恶。我决意，不依靠外界力量，也不分心。看来负面评价和自责无穷无尽。但我仍是每次都深吸一口气，每次都有不同的感觉。我还念了不少祷文。

时间渐渐模糊的时候，已是星期天的下午，那时我才终于体验到了所谓的“奇迹”。我开始感觉到了房间里的安静，心里也是出奇的平静。这样的平静和先前的痛苦好像出自身体里的同一个地方。时间一点一点地过去，我的内心越来越平静。不知是什么原因，独自一人我也不再觉得孤独了。

人生中，我第一次感到，独自一人也是可以接受的。我不仅可以忍受自己，而且喜欢上了独处。我甚至觉得，如果星期一早晨迟些到来该有多好！我像是刚刚从一场高烧中痊愈，我曾优雅地面对过黑暗和恐惧。至少，我知道了独处是多么快乐。

你和快乐第一原则

我周末的经历说明了一个很重要的快乐原则，这个原则是“快乐计划”哲学的核心。这个快乐第一原则就是，

除非你独处的时候感到快乐，否则，你是不会快乐的。

这个原则还有其他深远的意义，这对快乐这一话题有着至关重要的作用。为了更好地理解这一原则，我们可以把快乐第一原则分

成四个部分，每个部分都强调了自我接受和内心平静对于快乐的重要性。

1.你的所作所为

快乐第一原则的第一部分清楚地说明，

除非你独处的时候感到快乐，
否则你不会从自己所做的事情中感受到快乐。

你的自我用自我评价覆盖你所有的收获，无一例外。所以，你对自己的评价和对自己所做的事情的评价是一模一样的。如果你认为自己“还不够好”，那么不管你做什么，不管别人觉得你做得多好，你自己永远都不会满足，任何成就都改变不了这样的感觉。

我二十多岁的时候，曾是所谓的“成功人士”。我有两个诊所，出版了四本书，担任全国知名健康杂志的副主编，有自己的广播专栏，全世界有很多人都在媒体上见过我，作过成百上千场演说，每一个成就都是我个人履历上光辉的一笔，但是，就像健美运动员的肌肉一样，这些成就实在是太膨胀了！

正如所有的“成功人士”一样，我真诚希望这些成就足以带给我内心的平静和快乐。我努力取得成就，表面上看起来是为了让自己快乐，但大部分都是为了证明我自己。实际上，二十多岁的时候，我整天忙于证明自己，根本没有时间去接受自己。

成功就像是自救。所以我的目标就是成功，希望足够的成功经历可以把喋喋不休的自我给赶出去。我总是在不停地评价自我，结论总是“不够好”，而成就给了我喘息的机会。至少，成就让我终日忙忙碌碌，像吃了“行为安定剂”似的。忙碌的时候，你会忽略自己的感觉和评价。你不能闲下来，一旦闲下来，自我厌恶的感觉又会出现。

快乐的成就就是健康，因为你的动机是爱，而你的价值永远不会遭到怀疑。如果你需要成就，那就有问题了。这些年，我渐渐学会一个真理，

为人没有“存在感”，成就再多也枉然。

过去几年中，我有幸和许多颇有成就的人共事，特别是商界人士，他们简历里的内容比我要丰富得多。我一次又一次目睹，虽然他们简历里写满成就，但仍觉得空虚，因为他们不能接受自己。成就看似能够满足自我的虚荣心，但是，

不管怎样，成就都解决不了缺乏自尊的问题。

向前不顾一切地索取吧，你会获得极大的乐趣，特别是以快乐为目的的时候。但是，请不要误以为付出多少努力就一定能收获多少快乐。实际上，如果你没有准备好接受自己，那么成就也就不能带给你快乐。成就可以带给你一时的乐趣，但是，它救不了你一世。

当你改变了自己的思想，抛弃了自己的束缚，接受了自己——完整的自己之后，快乐自然就会降临。一旦你觉得自己“足够好”，那

么，你所有的成就也都“足够好”，只有到那个时候，快乐才会到来。

2.你在哪里

快乐首要原则的第二部分是注重快乐和环境的关系。这一部分认为，

除非你对自己感到满意，
否则你是不会对自己所处的环境满意的。

我在为BBC“如何快乐”栏目录制一个名为“八周快乐计划”的节目。一共有三个人同意参与录制，唐是其中的一个。我们第一次见面的时候，她告诉我，最近几年，为了找到快乐，她一共搬了十三次家。“第一次，我尽量搬得远离我的家庭，”她说，“我本希望空间上的距离能让我远离我的痛苦，但是，不管搬到哪里，痛苦总是跟随着我。”

唐决心加入“八周快乐计划”，按她的话说，是因为“搬去任何一个地方，最初都很快乐，但不久之后，新鲜感就没有了，快乐也就随之消失了。我搬去哪里，哪里就让我不快乐。我现在明白了，除非我对自己满意，否则任何地方都不能让我快乐。”

我和唐在一起的时候，我告诉她，

搬家治愈不了痛苦，只有改变对自己的看法，
即放弃自我评价，痛苦才能治愈。

一幢满是古董的漂亮宅第起初都会让人快乐,但是,地址虽然改变了,内心缺乏平静这一事实却改变不了。诚然,环境有助于心灵平静,但却无法把心灵的平静给你。

这是为什么?因为"你的看法是一种影射"。你对外界事物的看法其实就是你对自己的看法。你对自己的评价模糊了你的双眼,所以,你看任何东西都是不清楚的。哲学家伊曼纽尔·坎特曾写道:

我们所看到的外物并不是它们本身,而是我们自己的反射。

只要你觉得自己"不够好",那么,不管是豪宅也好,花园也好,豪华游艇也好,五星级宾馆也好,都不能让你满意。刚开始,一切都很好,但那只是因为你内心充满新奇感,忘记了评价自己而已。一旦你安定下来,熟悉了周围的一切,自我评价仍会再次模糊你的双眼。

我们在世上寻找人间的天堂,但是天堂也好,地狱也好,都不是实际存在着的地方。天堂和地狱都是思维状态,罪恶是地狱,恐惧是地狱,评判是地狱;而天堂则是爱和自我接受。天堂和地狱都在你心里,不管你走到哪里,你的心都跟随着你。英国诗人约翰·弥尔顿曾写道:"心灵是自己的栖息地,在这里,它能把地狱变天堂,把天堂变地狱。"

正因如此,古时候的神秘主义者常对门徒说,

要改变世界,首先要改变自己的心。

制作“快乐计划”的时候，我的注意力主要集中在一个地方——那不是实际存在的地方，而是精神的圣地——这片圣地就存在于你的心中。这就是不受束缚的自我。这里是你渴望已久的快乐栖息的地方。《奇迹课程》将这片土地称做“永不改变的栖息地”：

> 你的心中，有一片土地，在这片土地上，你会忘掉这整个世界，罪恶和幻想的回忆不会在那里逗留。你的心中，有一片土地，在这片土地上，时间不会流逝，永恒的声音在此处回荡。这片栖息地如此静谧，只有天堂的圣歌回荡其间，令圣父圣子喜悦。圣父圣子在一起，他们生活的地方叫做天堂，也叫平静。

3.你和谁在一起

快乐第一原则的第三部分道出了关于快乐和外界关系的冷静思索。第七章中，我们还会进一步讨论。第三部分的结论是：

除非你对自己感到满意，否则，和其他人相处你不可能快乐。

这是个相当冷静的观点，对于处在浪漫关系中的人来说尤是如此，我们不能仅仅因为无法独处而寻找伴侣！我们满世界地找，渴望能找到一个伙伴，他对我们的看法比我们自己要好。最后我们终于找到了这样的人，可我们却要求他爱我们，即使我们自己都不爱自己，其实，我们已经被第 22 条军规套牢了，因为如果我们自己都没法爱自己，那么我们当然也就没有办法接受别人的爱。

你和别人的关系其实完全取决于你自己，你自己的决定作用比我们所意识到的还要大。底线就是，

你和自己的关系为你和别人的关系奠定了基调。

换句话说，你如何对待自己最终决定了：(1)你如何对待别人；(2)别人如何对你。你和别人的关系完整地反映了你和你自己的关系。尤其值得一提的是，你对自己的不满会完完整整地影射到别人身上去。通常情况下，和新朋友、爱人、孩子、同事最初一段时间的相处都如同蜜月，这段时间，他们做什么事情你都不觉得有错，但是最后，自我评价还是会浮出水面，反映到外部世界，带来伤害，你和他们也就生分了。

如果你觉得自己很完整，而且很快乐，那么你也不会记着去评价别人。这是因为你不评价自己了。一旦你看不到自己的完整，那么你就会评价自己，进而评价所有的人。因为你觉得自己“不够好”，所以你就想努力提高自己，也希望提高周围所有的人，特别是你的爱人、你的孩子，还有你的朋友。你一旦把“纠正别人的错误”看做自己的目标，他们和你相处就不会自在。有多少儿子因为父亲的自我菲薄而付出了代价？有多少伴侣因为爱人的自怨自艾而饱受痛苦折磨？如果你用心看一看，就会发现，你所爱的人已经非常完美，你自己也是如此。

再深入看，你对别人的看法其实就是你对自己的看法的影射。

所以，

每个人都必须为自己的自我怨恨付出代价，
或者你要改变对自己的看法。

你也许会发现，你的生活中有时会出现一个人，他爱你好像更甚于你爱自己。我初次遇见我妻子米兰达的时候就是这样的感觉。很快我就知道，她对我的看法比我对自己的看法还要好，而我对她的看法也比她对自己的看法要好。相识的最初一段时间，我们费尽心思想要破坏我们之间的关系，把对方推开。但我们的爱情太伟大了，它从根本上动摇了我们对自己的怀疑和厌恶。我们最终作出了一个简单的决定——接受自己便能珍爱对方；厌恶自己只有分道扬镳。

4. 你所拥有的东西

快乐第一原则的第四部分又把我们带回到原先的观点上来——“快乐不在外物之中，快乐在我们心里。”这一部分的观点是，

除非你对自己感到满意，否则你不会满足于你所拥有的东西。

如果你认为自己“不够好”，那么不管你拥有多少，你都不会知足。如果你不能接受自己，没有什么能够弥补。自我因“不足”的感觉而生，它永远不会让步，永远不会满足，唯一的办法就是摆脱它！

如果你要回归不受束缚的自我，感受快乐，那么你就必须与受到束缚的自我决裂。

买得再多，拥有得再多，也无法获得心灵的平静。你所拥有的东西可以帮助你快乐，但是，它们本身给不了你快乐。内心深处，我们明白这个道理，但是我们仍企图找到一个特殊的东西，让我们享受快乐。

这个世界完全卷入了购物的狂潮中。购物是西方世界消磨时间的主要方式。整个世界也将挽救自己的希望寄托于购物。我喜欢购物——虽然不像米兰达那么喜欢——但是，我确实很喜欢购物。我认为，米兰达是一个高级的购物者，实际上，我敢肯定，就算我说她的购物能力是前无古人的，她也会觉得自己是当之无愧的。

我是个没有耐心的，不稳定的购物者。逛街的时候，我一定会买东西。但是，米兰达却可以连着逛几个小时却什么都不买，还觉得这样很有乐趣。我做不到。米兰达告诉我，逛街确实很有乐趣，而且像她这样还可以省不少钱。但是，我和米兰达都认为，买再多的东西也买不来快乐。没有地方出售快乐。

说到真正的快乐，其实，

真正的快乐不在于换个衣柜，而在于换个脑子，
也就是说，放弃自我评价。

这个世界上，没有什么能让你获得平静。内心的平静必须由你自己挑选。最初，大部分人都不相信，所以，我鼓励大家去做“BMW测试”。很多人都想拥有一辆宝马车（或者和宝马差不多档次的东西——一辆哈雷·戴维森牌摩托车,一匹马,一幢别墅,或者一条范思哲领带)。我建议你们不要抵触欲望。为之努力吧!不要退缩一旁!只有试过之后,你才可以向自己证明,这个世界本身不能给你快乐。明白了这一点,你就获得了开启自由之门的钥匙。

记住这句话:“如果一个人失去了自己的灵魂,那么即使他得到了整个世界,又有什么意义呢?”世上的一切本无所谓“坏”、“错”或是“恶”,它们只是尚有不足而已。喜悦不是数量的堆积,也不是成就,喜悦只是接受——自我接受。实际上,

喜悦是自我接受——是从自我评判中得到解脱。

你接受了自己,就可以自然地接受喜悦。喜悦如同心光,普照四方,你所见到的一切都沐浴着它的光华。当你快乐的时候,一切都蕴涵着美,一切都有意义。你善良,有灵性,宽以待人。但是,如果你终日闷闷不乐,即使你最喜欢的冰激凌也会食而无味,因为它也“不够好”。

喜悦是一种奇迹,它能让一切都变得五彩斑斓。喜悦应该用什么来定价呢?有时候,我觉得,我们真正需要的不过是一张与众不同的信用卡——这张卡不是用来购物的,它能够赊给我们足够的喜悦和平静,而且持续一生。想要快乐,你唯一需要做的就是将一笔贷款送给自己,完整的自己。

你有什么样的故事呢?

英国哲学家赫胥黎暮年时曾接受过一位年轻记者的采访。这位记者致力于从伟人处采集智慧的灵火。他请赫胥黎概括自己一生的工作。赫胥黎思索片刻,随即微笑道:“不太好说啊,我这辈子一直在解答别人关于人生的问题,到头来却发现,想帮助别人,与其给人建议,倒不如‘多几分好心’来得有用。”

自我和不受束缚的自我都有故事要讲,而它们的故事又有天壤之别。

自我在你身上看到了自己的影子。它是限制,是不足,所以,自我相信,你在本质上就是不足。自我从来没有平静过——它平静不起,因为它相信“善皆在外”。它为了获得动力,变得更强,便攻击你,指责你。它相信,评价可以更好地保护自己,可以让自己表现更好。自我学会了像个狂妄的体育教练那样喋喋不休地嚷“还能更上一层楼”、“你们怎么回事”、“加油”、“控制住自己”、“努力”、“再加把劲”。

不受束缚的自我就是完整的心智。它相信,你在本质上就是爱。它觉得你已经完整了,不必刻意提高,它所想要的,不过就是完整而已。很明显,不受束缚的自我看问题的方式和自我完全不同。实际上,

你的自我和你的灵魂看待任何东西的方式都不一样。

如果自我在祷告的时候总是说“向外看！”那么，灵魂在祷告的时候则总是说“向内看”因为你的自我和你的灵魂有不同的故事。自我让你“看外面”，是因为它害怕，因为它相信“善皆在外”。灵魂说“看里面”，因为它知道你是完整的，而且已经快乐了。两个故事截然不同，你会相信哪个呢？

自我见了什么都要去比一下，每次都惨败而归。我多年来一直在做关于自我的调查和思索，现在，我得出一个结论，妄自菲薄的评价一般有四种模式。四种模式分别得出以下结论：(1)我还不够好；(2)我错了；(3)我很坏；(4)我什么都不是。实际上，

自我的所有看法都不是事实，
但是这并不说明它们的感觉不真实。

自我的观点并没有内在的力量。事实上，除非你相信它的观点，否则自我根本没有力量。你越相信，这些观念对你生活的影响也就越大。实际上，你有可能深受这些观念的束缚，最终无法认识到这样一个事实：你才是编故事的人。

生活中的每一件事都会促使你觉得“不够好”，“错误”，“坏”或者“一无是处”。但是，没有哪件事本身可以让你产生这样的感觉——除了自我评价和恐惧。只有你的信仰可以加强或者遣散这些观念的影响。

1.“我不够好”

二十九岁的克莱夫是个银行经理，一直都是单身。我们第一次

约了见面,他迟到了五分钟。“对不起,霍尔登先生,我做得不够好。”他说。克莱夫从小到大都觉得不够好。他出生在一个贫寒的家庭,家里总是入不敷出。衣服不够,食物不够,但是生活总算能够维持。

克莱夫家里有父母, 哥哥和妹妹。爸爸在家的时间总是不够长,他总是要工作。克莱夫的哥哥大卫在克莱夫眼中就是个超级明星,他把大卫形容得出神入化,我简直觉得奇怪,为什么大卫没成为地球的总经理。克莱夫觉得,他总是活在大卫的阴影中,即使长大了也是如此。他在家里不是最大的孩子,也不是最小的,所以他总是觉得,大家给他的关注不够。

克莱夫告诉我,在学校几年,他过得还不错,但也没什么特别的。他成绩挺好,但还没好到能进他想进的大学。好朋友有几个。他还喜欢体育运动,但也没出色到能“靠体育吃饭”。他很害羞,特别是有女孩在场的情况下。克莱夫还在国家青年交响乐队里担任小提琴手,但现在他已经不再碰小提琴了。他觉得,不管做什么事,父母都没给过他足够的鼓励。

最后,克莱夫在当地一家银行里找了份工作。很明显,他工作很出色,因为他晋升很快。但是,克莱夫却不这么想。他觉得自己是干得不错,但还可以更好。显然,克莱夫是个争强好胜的人。他总是支持竞争中处于下风的人。他不自信,但是他的自信心在一步步增强。“我快到达目的地了。”他说。在克莱夫恭谦的外表下,有一颗追求完美的心在操纵全局。但克莱夫自己却不承认。

一开始,克莱夫来见我,是为了问我一些“增强自信心”的理论。我告诉他,如果我们不好好研究一下“我不够好”这个想法,那么我们不会有什么大的进展。于是，我们便一起研究这个简单的想法如何操纵克莱夫的生活，如何谱写他的历史。我向克莱夫解释说，如果他不转变观念，那么他就会被“我不够好”的想法所困。

实话说，“我不够好”是一个很普遍的想法。我们总是有意无意地受到困扰，唯恐我们自己、我们所拥有的东西以及我们所做的事情还“不够好”。结果，我们终日徘徊，就为找到一种叫做“足够”的珍宝，以结束失望的心情。实际上，如果我们不改变对自己的看法，我们就会一直失望下去。

如果你觉得自己还不够好，那么世间的一切都不够好。

你怎么知道“我不够好”的想法影响了你的生活？其实有很多表现，比如：

- 你告诉自己，“我不够好”。
- 你总是追求完美，但是认为自己从来就没有达到过完美的境界。
- 你觉得自己最好的东西都不够好。
- 你觉得别人从未给过自己足够的赞赏和承认。
- 你和每个与你有关的人攀比，每次总是觉得自己处于劣势。
- 总是羡慕和嫉妒。
- 自信不足。
- 你觉得自己长得不够高，不够矮，不够轻，不够重，不够漂亮等。

- 你觉得自己脑子不够聪明，不够有创造力，不够灵敏。
- 内心深处，你觉得自己世界上没有你的一席之地。
- 任何个人成就都不够。
- 和其他人相比，你的需要不够重要，所以总是得不到满足。
- 任何东西你都觉得不够——时间不够，钱不够，休息不够。
- 你费尽心血要取得一番成就，企图向别人，也向自己证明，你足够好。

2. “我错了”

我有个客户叫苏珊，她说服自己相信自己是个错误。例如，她认为她是个没人要的孩子，她还觉得她生错了性别，因为她父母总想要个男孩，但生的却是女孩。苏珊告诉我，她本来叫安吉拉，但是她母亲觉得她不够漂亮，配不上安吉拉这个名字，所以就改叫她苏珊。

苏珊的父母都不怎么爱她。苏珊觉得他们各自都让对方感到不快，所以，他们都没有站对位置。她的父亲是个严厉的人，苏珊总是因为“屡屡犯错”而受到他的惩罚。苏珊把自己的生活形容为一张满是错误、意外和灾祸的清单，每件事都“有问题”。

现在，苏珊已经到了四十出头的年纪了。她感到孤单和压抑。她称自己为“不合适的人”。她没有结婚——“我从来没找到过适合自己的人！”她说。刚刚成年的时候，她很叛逆，而且专门结交不该结交的人。现在，她独来独往。苏珊总是为自己犯的错误道歉。而且她很愤世嫉俗。“什么事都要出错。”她说。

要解决苏珊的问题，关键在于宽恕。她总是生父母的气，更是经常生自己的气。她“错误百出”的生活中总是有这样的怨气。“我知道，别人总是让你相信你是‘错的’，你‘不够好’，但是，事实并非如此。”我向她解释说。过了一段时间，苏珊开始明白，她觉得自己“错了”，这只是在证实自己的预言能力。“相信自己会作出错误决定的人才真的会作出错误的决定。”我告诉她。苏珊学着改变了对自己的看法。

“我错了”这个问题有如下几个症状：

- 你总是告诉你自己，“我错了”。
- 你害怕做错事。
- 你觉得事情总是出错，而且事实上真的总是出错。
- 你觉得受到了诅咒。
- 你觉得自己不合时宜。
- 你觉得自己是个负担。
- 你觉得别人误解了你，人家总是错误地理解你所说的话。
- 如果一切顺利，你会觉得很不自在。
- 你害怕一切都是你的错。
- 你觉得自己是害群之马——生错了家庭，来错了地方。
- 你错误地来到了这个时代，来到了这个星球！什么地方都没有家的感觉。

- 你总是在想，“这件事怎样才能做错？”
- 你笨手笨脚，总是犯错误。
- 当事情进展顺利的时候，你就会担心哪里又会出错。
- 你矫枉过正，坚持说自己永远是对的，从来没有错过。

3. **“我心存恶念”**

我们最怕的就是内心患病。受到束缚的自我相信，不仅“善皆在外”，而且“恶皆在内”。对于“心存恶念”的恐惧迫使你相信，亚当确实是吃了罪恶的苹果，而你自己则正是那只苹果本身。我们不愿自省，唯恐发现自己真的“心存恶念”。于是，这种念头便留存下来。

自我这个“心存恶念”的观念有诸多曲折。它引出许多迷信，其中充斥着恶魔、鬼怪和危险愤怒的神灵。噩梦、不愉快的经历以及坏的结局都是常事，因为，只要我们相信自己可能“心存恶念”，那么我们的生命就不可避免地会将这些反映出来。如果我们能够改变看法，那么我们的人生经历也会随之改变。

认为自己“心存恶念”有如下症状：

- 你总是告诉自己，“我不好”。
- “还行”已经是你最好的感觉了。
- 你在生活中总是遭遇不幸。
- 别人对你不好。
- 你自己对自己更糟。
- 你是个顽皮的孩子。

- 你很叛逆，态度一直很差。
- 心情低落的时候，你整天都过得很糟糕。
- 总是有人对你心存芥蒂。
- 你总是对某人心存芥蒂
- 你对一切都有负罪感。
- 你觉得自己是个罪人。
- 你犯罪，做“坏事”。
- 你讨厌任何批评。
- 你从不犯错是因为你怕自己“没有好下场”。
- 你认为所有的好事都会到头。
- 你矫枉过正，总是强迫自己“做好事”、“做好人”，不管你自己是否喜欢。

4. “我什么都不是”

你害怕“犯错”，害怕“心存恶念”，害怕“不够好”，但这些都是虚无的，因为它们都不是真实的你。这些都是谎言。只有你赋予它们力量的时候，它们才能在你心中成形。抽去力量，恐惧就荡然无存，因为这些本来就是幻觉。自我是“什么都不是”，所以，不难理解，自我最怕自己“什么都不是”。

自我的这种念头是基于一种恐惧心理产生的，这种恐惧心理就是，如果不能成为所谓的“人物”，那么你便永远“无足轻重”。照这么说，世上便不存在不受束缚的自我。你没有内在，没有精神上的自我。因为你相信这些，所以，当你寻找精神世界的自我时，你什么也找不到。这就是为什么你祈祷和冥思的时候，什么事都没有发生，你什么都感觉不到。如果你改变观念，你的经历也会随之改变。

出现以下几个症状时，说明你已经产生“我什么都不是”的念头：

- 你总是告诉自己，“我什么都不是”。
- 不管是什么，你都觉得“空虚”。
- 你觉得自己无足轻重。
- 你觉得自己的生命将“毫无价值”。
- 你觉得生活中再也不会发生什么有意义的事了。
- 事情的进展从不会像你希望的那样。
- 你很容易沮丧。
- 你总是觉得别人忽略了你。
- 你觉得没人帮得了你，什么都帮不了你。
- 上帝不存在，没有什么值得信仰的东西。
- 你总是觉得自己像个逆来顺受的可怜虫。
- 你没有自己的时间。
- 你总是梦想着“出人头地”。
- 你矫枉过正，总想展现一番，处处引人注意。

“我错了”、“我心存恶念”、“我什么都不是”以及“我不够好”是自我或受到束缚的自我的四个常见的念头。这几个念头都反映了自我对不足、罪恶和无价值的恐惧。不管这些念头有多明显，事实上它们都是不真实的，而且，

你不是你的自我！

你可以宽恕自己吗?

选择宽恕就可以趋于完善。

生活中,你可能经常会觉得自己“不够好”,但是“我不够好”这个说法是错误的。与此类似,判定一个行为“不够好”和判定一个人“不够好”是两回事。所以,你可以说你做错了某件事,但却不能说“我是个错误”;你可以认为某个决定“不好”,但是你不能说“我这个人不好”;你可能“一无所有”,但是你不能说你自己“什么都不是”。

如果把自己当成受害者,你是不会快乐的。评价自己,批评自己,背叛自己是不可能获得快乐的。你可以说自己过去犯过错误,但是这些错误不是你的本性。不管你觉得自己犯过多少错误,你自己并不是一个错误。明白了这一点,你才能快乐。

要想真正快乐,你必须摈弃自我灌输给你的念头。换句话说,自我可能觉得自己“受到怠慢”、“得不到爱”、“不够好”、“在贫寒的环境中长大”、“曾受到虐待”、“命运不幸”、“总是要争斗”、“不受欢迎”、“总是被欺负”、“做事失败”、“接受能力差”、“从没遇上过好事”、“总是犯错误”、“胆怯”、“曾经遭到拒绝”,等等,而你必须与这些想法决裂。这些经历都不能给真实的你定性。

想要抛弃自我评价,自我怀疑和自我厌恶(即自我的束缚),就必须先学会宽恕。说到宽恕,我们通常说的是宽恕别人,但是,这里讲的宽恕却与以往不同,与你自己的关系更大。对于我来说,真正的宽恕是一个自我修复的过程,从你开始,渐渐影响到别人。

实质上，

真正的宽恕就是愿意改变对自己的看法。

宽恕是受到限制的自我观念臣服于完整的自我的过程。愿意宽恕自己，就是愿意用爱代替恐惧，用仁慈代替责难，用信任代替怀疑。宽恕是一个转化的过程——它用完整去代替所有后天学来的恐惧。当你宽恕了自己，抛弃了所有可怕的自我怀疑和自我评价，你就会记起不受束缚的自我。

到底哪一个更有价值呢——是自我的观念，还是不受束缚的自我的观念？宽恕就像一块无形的橡皮擦，把自我在你心中留下的痕迹擦去。宽恕就在现在发挥它的作用。它教会你：(1)你不是你过去的痛苦；(2)过去的痛苦，现在早已结束。归根结底，宽恕消除了软弱和局限的幻影。通过宽恕，你再次趋于完善，体会到了喜悦。

学会了宽恕，就是选择了忘记束缚，回忆起不受束缚的自己。

宽恕带来顿悟，即收回你的心光。

如果你不是“世界之光”，那还会有谁呢？通过宽恕，你消除了恐惧，抛弃了疑虑，将黑暗洗尽，让不受束缚的自我重新照射出心光。宽恕将自由交还给你。

下面的程序是“快乐计划”中所用的宽恕思想的典型例子。静坐片刻，大声朗读或默读这个程序。这个程序让你放松，消除恐惧。当你攻击自己，批评自己，审判自己的时候，它给了你一个宽恕自

己的机会。

自由地呼吸，轻松吐纳。每句之后都请停顿片刻，深吸一口气，再读下一句。

“一直以来我对自己都太过严格，现在，我宽恕自己。”

“一直以来我都在责备自己，现在，我宽恕自己。”

“一直以来我对自己都太残忍太不仁慈，现在，我宽恕自己。”

“一直以来我都在批评自己背叛自己，现在，我宽恕自己。”

“一直以来我都告诉自己，我还不够好，现在，我宽恕自己。”

“一直以来我都告诉自己，我错了，现在，我宽恕自己。”

“一直以来我都告诉自己，我心存恶念，现在，我宽恕自己。”

“一直以来我都告诉自己，我什么都不是，现在，我宽恕自己。”

“我原谅自己曾感到恐惧。”

“我原谅自己曾自认为没有价值。”

“我原谅自己所有的自我审判。”

“我原谅自己所有的错误。”

“通过宽恕，我即将记起关于自己的真相，不管这个真相多么美丽。”

“通过宽恕，我即将记起关于自己的真相，不管这个真相多么神奇。”

“通过宽恕，我准备好重新去爱，去相信。”

“通过宽恕，我准备好重新在爱中相信。”

“现在，我愿接受这样一个事实：我不是我的恐惧。”

“现在，我愿接受这样一个事实：我不是没有价值的。”

“现在，我愿接受这样一个事实：我没有罪。”

“现在，我愿接受这样一个事实：我是自由的。”

“通过宽恕，我将自由地享受爱。”

“通过宽恕，我将自由地享受平静。”

“通过宽恕，我将自由地享受快乐。”

“通过宽恕，我将自由地欣赏自己。”

“现在，我愿宽恕，重获自由。”

“现在，我愿宽恕，重获快乐。”

“现在，我愿宽恕，重获自由。”

“现在，我愿宽恕，重获快乐。”

第四章　学会接受

欢笑诊所刚开不久，我设计了一种训练，叫做“创造性成长游戏”，这种游戏有助于更好地了解并接受喜悦和快乐。这些游戏都是自发形成的，并且沿用至今，运用于“快乐计划”。下面的故事讲的是这些游戏中的三种。

一天下午，在欢笑诊所，我给参与者布置了一份家庭作业，是一个叫做“快乐的一天”的创造性成长游戏。“快乐的一天”的挑战性就在于，它要求参与游戏的人每个月挑出一天时间去关注自己的营养结构、健康和快乐。客户想知道更多详细的信息，我解释说，大家可以利用这一天时间善待自己，休息一下，去冒一次险，尝试做点新鲜的事，或者简简单单表示一下感激。这个想法很受欢迎，每个人回家时都激动不已。

一个月以后，我想请客户分享一下他们的经历，回答我的却是尴尬和沉默。原来三十人中，居然没有一个人度过了“快乐的一天”。主要障碍是时间不够。他们整天忙于工作、干家务活、带孩子、买东西、干园艺活，让自己享受一整天的快乐似乎太奢侈了。

别泄气，我又想到了另外一份家庭作业，叫做“快乐的一小时”。我对他们说：“我希望你们能够每周抽一小时——快乐的一小时——

尽情去爱，去款待别人，去培养仁心。希望你们到精神银行的账户上存点款。”第二周，我建议大家挨个谈谈“快乐的一小时”，结果又是沉默，没有一个人完成了作业，又是因为“时间不够”，“要做的事情太多了”，“要带孩子”，“忘记了”，“太累了，什么也不想做”。

“我有个新的作业。”我说，“它叫做心醉神迷的六十秒。一天给自己一分钟时间，放下手边的一切，纯粹享受快乐。”有人问：“一分钟你能做什么？”我建议说：“你可以享受一下花朵的芳香，随心所欲地微笑，表达自己的谢意，平静地呼吸，背诵一段你最喜欢的祷文，告诉自己，‘我可以轻轻松松，不费力气，自然而然地接受快乐’，做一次头部按摩，总之，你想干什么就干什么。”

也许你已经猜到，一周后，我了解到，没人能在一周中的每一天都享受“心醉神迷的六十秒”。最好的也不过是享受了一两次快乐。我问他们为什么会这样，许多参与者企图让我信服，“心醉神迷的六十秒”并不总能付诸实践，有的日子合适，但有的日子不合适。

这一系列的事件对我的工作来讲是一个转折点，它让我明白，

缺少时间绝不是快乐的真正障碍。

我承认，生活节奏确实加快了。你是否记得，少年时代，暑假好像是没完没了的？那大约六周的假期就像是把一辈子的时间都过完了！你是否记得，在你四五岁时，每天都好像那么漫长？到了二十一岁，好像突然就变了，时间突然快速流逝，一个月好像一周那么短，一周好像一天那么短。

对我们许多人来说，生活比以前快得多，我们比以前忙得多，工

作时间比以前长得多。我们行色匆匆，完成任务，总是在排队，付账单，赶着完成要做的事情。我们在和时间赛跑。时间是宝贵的，所以我们“买时间”、“偷时间”、“创造时间”，但是时间仍然过得飞快。无论我们做什么总是觉得太忙了，没有时间享受快乐。

然而，问题是快乐究竟要花多少时间？快乐是瞬间的——它不能用时间衡量——因此，我们每个人肯定有足够的时间去享受快乐。我觉得，

快乐要花的时间就和沮丧或怨恨要花的时间一样多。

快乐不需要占用你额外的时间。事实上，它根本就不需要时间。我已说过，快乐需要你去迎接，而不需要时间。“心醉神迷的六十秒”无疑证明了“缺少时间”不是快乐的真正障碍。它不过是一颗烟雾弹，它掩盖了真正的障碍，唯一的障碍是——现在就接受快乐。

快乐和自我接受

不时找点乐趣，偶尔开心一下对大多数人来说是可以接受的，是件好事。毕竟，之前我们工作、劳碌、挣扎、牺牲，开心一下可以做一点补偿。生活中有点小小的乐趣让我们感到舒服，然而，长时间的快乐、满心的喜悦和永久的幸福却不那么舒服了。

扪心自问，“我能承担多少快乐？”也许一小时？一周？一个月？

终身？身处快乐之中，过多久你才会开始考虑究竟发生了什么？处于宁静的状态之中，过多久你才会变得焦虑不安？你能无拘无束地享受多久的爱与关心而不觉得不自在？自由自在的感觉你能相信多久，接受多久，而不产生结束的念头？

真正的问题不是时间，是接受，特别是自我接受。快乐和自我接受是携手并进的。事实上，你自我接受的程度决定了你快乐的程度。你自我接受得越多，你接受、获得和享受的快乐就越多。换句话说，

你觉得你值得享受多少快乐，你就能享受多少快乐。

自我接受程度深的时候，快乐对你来说是自然的、轻松的、无须费力的，但是，自我接受程度浅的时候，快乐对你来说就是一种亵渎。如果你很难接受自己，那么，虽然你梦想得到快乐，但你也会担心自己配不上快乐，你还会质疑、怀疑、抵制、试探、防卫、观察，并拒绝快乐的邀请。

如果你觉得自己不值得享有快乐，便会拒绝接受自己。但是，低程度的自我接受是无法与快乐并存的。你坚持认为你配不上快乐，同时又接受快乐，这就太矛盾了——这种矛盾心理会让你产生负罪感。你怎能接受快乐，而又坚信自己不值得拥有快乐呢？

你觉得自己应该承担多少，实际就可以承担多少。所以，你觉得自己应该享受多少快乐，就可以享受多少快乐。

而且，你觉得自己应遭受多少痛苦，就会遭受多少痛苦。

快乐与否，自我接受（即自我价值）是关键。如果你能够接受自己，承认自己是完整的，有价值的，好的，那你自然就可以接受快乐。但是，如果你断定自己“不够好”，那你就真的不够好，不能享受快乐。确实，只要你断定自己“不够好”，就必会因为负罪感而拒快乐于千里之外。

快乐与负罪感

在“快乐计划”中，最受欢迎、参与者最多的部分叫做“在不产生负罪感的基础上，最大限度地感受快乐”。对你来说，这没什么好惊讶的，因为接受快乐的最大障碍是你的负罪感，但我们却经常有负罪感。

负罪感是什么？好吧，简单地说，它是一种信念，坚信你不配享受快乐，坚信你“不够好”、“是个错误”、“心存恶念”“什么都不是”。这种信念是后天生成的，并不是不受束缚的自我与生俱来的。这种信念重点在于不足，所有这样的信念都属于自我。自我希望获得快乐，但是最终却相信你配不上快乐。

我们渴望快乐，但是，我们断定自己有罪，不能接受它。我们喜欢快乐思想，因为它让我们感觉愉快。但是，我们也担心，这种思想是自私的、错误的、不恰当的、我们会为之付出代价。我们相信，快乐是需要代价的——痛苦、劳碌或者牺牲。然而，负罪感不仅仅与快乐有关。你有没有注意到，

你最想得到的东西最能让你产生负罪感！

自我对快乐有负罪感,因为它对一切,特别是好东西都会有负罪感。以“乐”为例,“乐”是身体的快乐,是感官的享受。漂亮的颜色、馥郁的芳香、精妙的音乐、温和的碰触和异国的品味都能成为乐事。然而,我们还慢慢相信,“乐”是心魔。

我们还会相信,“乐”,“好过了头,成了罪孽”。我们担心过度的“乐”会践踏一切道德,毁灭所有美德,带来享乐主义、懒惰、自私、无政府状态、战争、诅咒、把我们引向世界末日!

性是一种“乐”。性是自然的,是一种乐趣,是健康的。这种观点听起来真的很伟大,不但符合逻辑,而且客观成熟。但是,大多数人谈及性的话题,仍感罪孽深重,足以下地狱。就我个人而言,我仍清楚地记得,整个少年时代,性的问题总是让我感到不自在,特别是去药店购买避孕套的时候。去之前,我要像开始战争那样先做好部署,常常是提前好几天就在准备了。我总是选城外的药店,因为那里没人认识我。另外,收银员不能长得像我妈妈、爸爸,或者生物老师,当然也不能太漂亮!

我实在记不清自己有多少次去药店买避孕套总要附带再买一支牙膏才会离开。请别急着给我下定论。记住,我是英国人,我受到的束缚不能说不大。确实,其他国家的人简直无法相信,英国人居然也是通过性来繁殖的!对此讳莫如深的态度表明我们把这事看成是一种耻辱。

用《圣经》的话说,性会给我们惹麻烦,正如它给亚当夏娃惹出了麻烦一样。如果亚当夏娃没有相处得如此火热的话,也许现在我们还是完整的,就有资格享受快乐了。宗教和神化让我们对性产生负罪感。小男孩对性的负罪感尤其深重。洗澡的时候,父母就告诉他们,“再玩它就会掉下来的”或者“再玩眼睛就会瞎掉”。小女孩的经历也差不多。

我们对自己喜欢一切有负罪感。想要玩的就是“淘气,但本质不坏”。金钱是“一切罪恶的根源”。静下来休息就是危险的,因为“游手好闲的人会被魔鬼利用了去”。一场欢笑必定“以眼泪告终”。成功会毁了你。我们回应成功和回应快乐的方式有许多相似之处。比如,你有没有经历过“错误负罪感”,即坚信你的成功是一种错误,你根本就不配成功?

要找到一件不会招来负罪感的事情真是一种考验。负罪感太普遍了,我不得不说,

负罪感不是一种感情——它更是一种生活方式。

负罪感是一种生活方式,它的基础是一种束缚人的信念,即认为自己“不配”的信念。这是因为,只要你认为自己不配,你就永远不能自由地接受快乐。你会用快乐做交易,讨价还价,换取一件不那么快乐的事情。但是即便如此,如果你不能接受自我,快乐还是会让人感到不自在。

只要你相信并认为自己有罪,不配获得快乐,那你就不可能接受自己,也不可能快乐。如果把“自我接受和快乐”换成“自我接受是快乐”,那你也许会更清楚地看到抛开负罪感是多么的重要。归根结底,抛弃负罪感就是释放自我。

释放自我

我们的世界到处都是人们杜撰出来的神话、迷信和故事，在这些故事里，我们从天堂来到人间，因为堕落，所以同上帝永远分隔。这些神话说，创世纪时，最先出现的并不是光，而是罪恶和卑微。

埃及、希腊、罗马、斯堪的纳维亚、凯尔特等地的神话和《圣经》里全是令人害怕的故事——那是自我的噩梦，是酗酒和乱性，是疯狂的神明，他们怒气冲冲，蔑视他们所创造的人类。举例来说，亚当和夏娃被逐出伊甸园的故事是众所周知的。还有一个埃及的故事，这个故事说，人类一开始都是鱼，生活在一个神灵的眼泪之中，这个神灵的幻想破灭了，所以他满腔怒火，他的眼泪滴落在大地上，成了海洋。

基督教的传统反映了一种疑惑，其他宗教和哲学派别也存在这样的疑惑。一方面，基督徒信奉爱着众生的上帝，相信人类的原福，也就是说，你我本质上都是完整的，有价值的，健全的。另一方面，基督徒请求上帝保佑原子弹轰炸成功，怕上帝复仇，信奉原罪，也就是说，你我都是有罪的。

大家都知道，天主教教堂也叫做“负罪的教堂”。我清楚地记得，我曾经有个顾客是天主教徒，他曾告诉我，“我知道我有罪，但不知道我有什么罪”。然而，与一些基督徒的想法相反，负罪感并不独属于基督教徒。犹太人的信念中也充满了罪恶感。印度人也信奉“因果报应”。穆斯林一直在赎罪。很明显，负罪感是不分教派的！

我曾给一群正统的基督徒做过一个讲座，叫做“如何在不产生负罪感的基础上，最大限度地享受快乐！”那是一个漆黑的风雨交加的冬夜，我们聚集在村庄的礼堂里。我总结了耶稣的教诲，并提醒我的听众，耶稣曾说，“我告诉过你们，我的喜悦会留在你们的心中，这样你们的喜悦就完整了”。我还提到，《圣经》上如何谈及“主的喜悦”，“喜悦是精神的果实”，“天堂是喜悦的国度”。

我的听众似乎很欣赏这些话，特别是一个向我发出过邀请的年轻传教士。然而，年长的传教士看上去相当严肃。我继续提醒我的听众，耶稣还说过，“你们是世界之光”、“你们是上帝”。我谈到了原福，还告诉他们，天堂和伊甸园是我们所有人内心的不受束缚的自我。听众看着年长的传教士寻求指导。

随后，我说，接受快乐的最好办法就是不再认为自己有罪，接受自己的“世界之光”的角色，抛弃痛苦。一个老传教士说：“因为我是罪人，所以终有一天我会快乐地与上帝同在。”我回答道：“因为我知道你不是罪人，所以你现在就可以快乐地与上帝同在。”讲座结束时，我的声音被掌声淹没！

小时候，大人们就告诉我们，我们的本质不是爱，而是罪。他们把奇怪的观念灌输给我们，诸如：

负罪感是自然的。

有负罪感是好的。

没有负罪感是件坏事。

没有负罪感就会误入无政府主义的歧途。

负罪感可以“端正”你的行为。

负罪感表明了你的谨慎。

负罪感表明了你的歉意。

负罪感阻止你去犯罪。

当然，我们罪孽这么深重，也就是说，表现如此不好，是因为我们一开始就有很强烈的负罪感。负罪感再生负罪感。

负罪感没法带给你爱、平静和快乐。

我们小时候常听父母向我们念叨负罪感，比如“你应该为自己感到羞耻”、“我们对你很失望”、“你怎么能这么对待我们”。其他经常听到的话还有 “你一点都不在乎”、“你以后肯定会很自私”、“你是我的死敌”，还有“我快要死在你手上了”。

孩子接受能力都很强。我们有时也为一些错误的行为大唱赞歌。比如“我朋友的爸爸总是由着他的”、“我们为什么不能也有一个呢”、“我们哪儿也没去过”以及“求你了，只此一回”。爱在罪过面前也让步了。

在学校，老师对我们说：“你们的妈妈会怎么说呢？”在教堂，别人指责我们的时候就说：“上帝会怎么想呢？”圣诞时，别人总是问我们：“这一整年你都在做好孩子吗？”工作时，老板又对我们说，“不管你做什么，别把事情搞砸了”；回到家，表面看来是安全了，但是我们的爱人又抱怨，“你从来都不带我出去”或者“你不爱我”。

如果你可以接受自己，守住开启快乐之门的钥匙，你就可以立

刻与自我决裂，抛开束缚，

如果你想摆脱罪恶感，那你就不能让他人有负罪感。

如果你有自知，那你应该明白，想法是没法给出去的，而一定是与人分享的。所以，如果你告诉别人他们有罪，那么你同时也告诉自己你也有罪。同样，你断定他人不值得享受快乐，你同时也告诉自己，你也不值得享受快乐。

反过来，每次你承认别人的价值，看到别人的心光、原福、纯真，你便也承认了你自己具有这样的品质。事实上，我们要么全都自由，要么就全都不自由。以别人的自由为代价是换不回你自己的自由的。快乐会告诉你，你本质上是无罪的，别人也一样。

你不配拥有快乐

下面的故事是我在“快乐计划”中常常讲到的：

从前有个僧人，他面带笑容，走访了一个又一个村落。他的名字叫阿南达，翻译过来就是“喜悦”和“祝福”的意思。他没有家，没有钱，也没什么财产。他穿着橘黄色的僧袍，戴着念珠，向他遇见的每个人微笑。他的微笑那样温暖，那样充满爱心，那样有感染力，只要有他在场的地方，每个人都会微笑。

一天，僧人碰到了一个与他同名的男孩。这个男孩跟着僧人走过了一条曲曲折折的小路。他问僧人:“你是圣人吗?”僧人笑道:“我和你一样神圣。”男孩笑着问:“那你为什么一无所有呢?”僧人回答说:“我的微笑是我自己的。”男孩又问:“那你怎么没有钱,没有房子,连一匹马也没有呢?”僧人回答说:“世界给不了我微笑——我的微笑存在于我和神灵之间。”

孩子和僧人一同走着,一路无话。最后,男孩问:“你是谁呀?”“我就是周游世界的微笑,”僧人解释道,“我的福音书就是微笑福音书。”男孩问:“你一直都微笑吗?”僧人笑道:“是啊,我睡觉的时候都在笑。”男孩又问:“你是怎么做到一直微笑的?”僧人说:“我相信快乐,也相信你,所以,微笑是件很容易的事情。”说完,孩子和僧人都笑了。

这个故事告诉我们两个很重要的道理。第一,想要快乐,就必须承认自己的神圣,或者可以说,你的完整。换言之,

如果你想接受快乐,你就必须相信自己。

想要快乐,你必须承认,你生来就是完整的,所以,你本来就没有罪,没有不足,也不是没有价值的。你可能会犯错误,但你绝不是罪人。只要你学着去爱,去宽恕自己,抛弃自我审判的可怕念头,你便自动和不受束缚的自我的喜悦连在了一起,永不分离。

第二,

如果你想要快乐,你就必须相信快乐。

僧人阿南达能够一直微笑，就是因为他相信他生来就是快乐的，而且，每个人生来都是快乐的。他将快乐看做自然而然的经历，而不是什么登峰造极的经历。对阿南达来说，他不需要攀登山峰，不需要作出牺牲，也不需要刻意作什么努力以求得快乐。他只是选择了快乐。他没有“快乐恐惧症”，而且，他也完全接受了自己。

我一次次地目睹可怕的束缚性思想如何将我们本来拥有快乐的权利夺走，又带给我们诸多额外的痛苦。当然，关于快乐的最大误解就是，快乐在别处，也就是说，快乐并不与你同在。关于快乐的第二大误解就是，你必须值得拥有快乐，这一误解带来了痛苦和束缚。

几个世纪以来，必须值得拥有快乐的想法给人们带来了痛苦、负罪感和疑惑。我们紧紧抓住这个骗人的信念不放，而忘记了关于快乐的真相。我们忙着让自己值得拥有快乐，没有时间体会如下观点，比如，快乐是自然而然的，快乐是与生俱来的，快乐是自由的，快乐是一个选择，快乐是内在的，快乐是存在。你认为必须值得拥有快乐，就只能终日劳作。

詹妮是我的一个客户，她曾很好地展现了我们对于快乐的普遍感觉。她告诉我：“一切都似乎漫无目的。”我问：“怎么说？”詹妮叹了口气：“唉，不管我多么努力地追求快乐，实际上却一点进展都没有。罗伯特，我觉得好失败，因为我付出了那么多。”我说：“你很生气吗？”詹妮回答：“不。我是又沮丧又生气！”我们都笑了，但后来，詹妮又哭了。“我觉得这是命中注定。”她说，“我觉得上天好像在惩罚我。”我问詹妮：“你觉得自己值得拥有快乐吗？”她回答说：“可能不值得。”

现在，请问问自己，你值得拥有快乐吗？但是，回答这个问题的时候要小心，因为这里有个陷阱。如果你回答“不值得”，那么，你就会像詹妮一样，不管做什么都不能接受快乐。如果你回答“值得”，那就表示你相信拥有快乐要有一定的资格，所以，你就不得不去满足各种各样的标准（这些标准都是你自己定的），然后你才能快乐。“值得”和“不值得”都不是诚实的回答，关键在于，

快乐并非值得才能拥有！

这个信心不是消极的，而是积极的。想要获得快乐，你所要迈出的第一步，就是抛弃“必须值得拥有快乐”的观念。拥有快乐，无所谓值不值得，这是一种选择。快乐是自然的，人人皆可得之，它是不受束缚的。当你的快乐观不再受束缚的时候，快乐就会不期而至。只要你愿意，快乐必然会降临。

“必须值得拥有快乐”这个观念没有任何力量，除非你赋予它力量。问题是，你给了它不少力量。这个简单的想法不仅仅加重了你的负罪感，更让你觉得自己没有价值，而且对其他关于快乐的可怕信念也是大有影响。它对为它劳作，为它痛苦，为它牺牲的人最具影响力——这三种人承受着巨大的社会压力。

我们从小就被大人们灌输了这样的理念：要为了快乐而努力，受苦，牺牲。如同羸弱的体质会遗传一样，这个可怕的，未经斟酌的束缚也是代代相传。但是，我还有好事相告，

要消除基于恐惧所建立的信仰，只需相信爱即可。

要扭转关于快乐的可怕信仰，特别是改变“必须值得拥有快乐”

这一想法，无须费力，无须痛苦，也无须牺牲。只要你心甘情愿即可：(1)你要愿意看到自己是无罪的，也不是没有价值的；(2)你要愿意抛开关于快乐的错误信仰；(3)你要愿意承认，快乐是不受束缚的自我生来便拥有的。你的意愿是解决问题的关键。

治愈劳作观

为快乐劳作的人认为，快乐不是天生的——你为快乐付出，所以快乐就是你的报酬。

在西方，大多数人都为了快乐而劳作。我所说的“为快乐劳作”，并非指享受劳动的乐趣，而是迫于需要，不得不劳动。这些人认为，不停地工作就是得到快乐的关键。如果没得到快乐，就加大工作量。为快乐劳作的人提倡追求快乐，他们很清楚地声称：“如果不为快乐劳作，就永远也得不到快乐。”

为快乐劳作的人还有四个关于快乐的可怕误解：

必须值得拥有快乐。

必须为快乐付出劳动。

快乐是挣来的。

必须要为快乐付出代价。

为快乐劳作的人觉得一生都在劳碌——出生是劳碌，生命是劳碌，爱是劳碌，快乐是劳碌，工作是劳碌，只有死亡才是休息。我们劳碌并非为了体验其中的乐趣，而是因为我们觉得自己必须劳碌。为快乐劳作的人认为自己没有价值，自己有罪，所以必须通过努力工作来弥补，这样才能重新获得享受快乐的资格。

“工作狂”是流行的，我们之中的许多人认为，人的一生就是被工作占据的。曾经，我们为了生存而工作；现在，我们为了工作而生存。我们的一切“生活”都只是从工作中暂时恢复。我们工作，恢复，再工作。我们去办公室上班，下班后，我们又把工作带到家里。休息的时候去体育馆，这叫做工作间歇。精疲力竭时，只能依靠治疗解决问题。我们说：“我们已经做了很多工作了。”但在此之后，还有许多家务等着我们！最后睡觉时，我们太累了，根本快乐不起来，但是我们的脑子没闲着，所以我们睡不着。没问题，失眠正是干更多工作的好机会！

为快乐劳作的人都认为，要想有所得，就一定要付出劳动和努力，所以他们才不停工作。他们还认为，创造力并非灵感，而是汗水换来的；爱也是一种劳碌，而不是快乐；成功就是奋斗，轻易不可能得到；健康就是“不劳无获”的态度；救赎是最困难的，那是与天使的摔跤比赛，问问雅各布就知道了。为快乐劳作的人觉得，世间没有什么东西是可以轻易获得的。

你有没有想过，

你为快乐付出了太多的努力？

越南的一行禅师倡导平静和自我接受，他为世人上了很好的一课。他不断鼓励我们放弃追求快乐，只需简简单单地体会快乐就行了。他写道：

> 欣赏蓝天的美丽需要付出特别的努力吗？为了欣赏它的美，我们需要练习吗？不，我们只需欣赏就行了。我们生命中的每一分每一秒都能够这样度过。不管我们身在何处，都能够享受阳光，享受大家相聚的乐趣，甚至享受呼吸的感觉。我们不必去中国欣赏蓝天。我们不必穿越到未来去享受呼吸的感觉。此时此刻，我们便能享受到这些乐趣。

我们忙于工作，根本没时间享受快乐。过去十年，每周的平均工作时间增加了十小时，变成了五十小时；午餐时间已经短得可怜；60%的男人，百分之四十的女人周六还要工作；许多人周日也不休息。最不可理喻的是，如果我们胆敢五点钟就下班，肯定会有某个可悲的、没脑子的同事大叫“临时工”或者“只工作了半天就想走了？”于是我们便产生了负罪感。

在社会上，我们大部分时间都是工作机器，而不是一个人。实际上，为了快乐而劳作的人鄙视休息和娱乐。我们几乎不出门玩，相反，去看心血管医生，去吃商务午餐，或者上班不在公司就算是休息了。他们认为，休息就是“停工时间”——这段时间里什么有用的事情都干不成。休息时间太长你便会怠惰。

休息的时候肯定没有收获。这种想法令人担忧，因为

为快乐劳作的人觉得快乐是一种收获，而不是天然存在的。

为快乐劳作的人被这样的想法蒙蔽了眼睛,无法认识到快乐是自由的。他们觉得,人生一定要有成就,快乐也一样。他们受自我驱使,因为只有自我才认为你的人生价值为零,毫无成就。所以,我们就渴望能做出点成就,这样我们才有存在感,才值得拥有快乐,这样的想法让我们头昏脑热。

我必须说清楚——问题不在于工作本身。相反,工作很可能是服务于人,锻炼技能,发掘创造力,与人交往,游历、成长的好机会。我所指的是额外的工作,特别是"必须为快乐工作,赚取快乐,值得拥有快乐,并为快乐付出代价"的观念。

怎样才知道自己是否受"必须工作"的观念所扰呢?下面就是一些症状:

- 你觉得快乐不是天然的;而是后天争来的。
- 你觉得人们都必须赚取快乐;快乐不是免费的。
- 你觉得所有的快乐都有价格。
- 你生活中要做的事情无穷无尽。
- 完成了一张任务清单,报酬却是另一张任务清单。
- 如果没事可做,你就感到失落。没有成就,你就觉得空虚。
- 你无法放松。实际上,"松懈"会让你产生负罪感。
- 在你眼中,一次只干一件事的人一事无成。
- 你觉得筋疲力尽就说明你软弱,说明你失败。
- 如果整个假期你都没有工作,你会觉得罪孽深重。
- 你觉得必须保持忙碌的状态,每时每刻都不能闲下来,而且你总觉得自己还能干更多的事。

- 你因为总是匆匆忙忙而痛苦不堪，不管干什么，你都觉得时间不够。
- 你取得的成绩总是不够好。
- 你的朋友从不问你“最近怎么样？”而是问“最近忙吗？”
- 结束了一天的工作，你不去享受生活，而仅仅是从工作状态中恢复了而已。
- 星期天早晨你想赖在床上不起，但是心中又很不安。
- 只有在生病的时候你才不去上班，而且，即使生病，你也要做点工作。
- 如果乐趣太多，你会有负罪感。
- 你对美好时光、成功以及转瞬即逝的东西都心存疑惧。
- 你没有朋友，只有同事。
- 你有好朋友，却从来不去看他。
- 和家人在一起的时间不过是暂时不工作的时间而已。
- 你总是跟孩子许诺说“以后”、“改天”或者“下次”。

几年之前，我的一个好朋友格兰汉姆·泰勒·克林顿建议我们一起打高尔夫球。他说：“工作日打球吧。我工作太努力，所以我需要好好休息一下。”而我是个工作狂，自己却不承认，所以我干了一件“明智而成熟”的事情，一再拒绝他的邀请。我工作越努力，就越疲惫，而收获也越少。最后，常识（就是我妻子）占了上风，我同意和他一起出去玩。

我还记得开车去高尔夫球场的路上，我因为在工作日休息而充满负罪感。路上堵车，我又迷了路，所以迟到了。整天我都心情急躁，天气又不太好，我满脑子想的都是工作的事情，没有玩的兴致。“这真是浪费时间。”我这么一想，负罪感更严重了。

到家后，我把当天的经历讲给米兰达听。“有点不对劲。”我对她说，“我所认识的人中，工作最卖力的就是我了，那为什么我出去一次心里都这么难受呢？”我必须面对自己的罪过。我和米兰达商议后得出结论，面对罪过的最好办法就是再约格兰汉姆打一次高尔夫，时间就定在最能让人产生负罪感的时候——周一早晨！我把计划付诸实施了。在朋友的帮助下，这个惯例保留至今。

我们为了弥补罪过而工作。一旦停止工作，我们就有负罪感。所以我们又开始工作。为快乐而劳作的人不仅象征了我们的罪过，也象征了我们的疑惑。具体点说，

为快乐而劳作的人把愿意和努力工作混为一谈。

快乐只要求你愿意，而不要求你努力工作。具体来说，它要求我们甘愿放慢节奏，消磨时光，放松身心，尽情享受。正如为快乐劳作的人象征罪过，我们的意愿就象征着自我接受，就是接受：(1)你有权利享受快乐；(2)快乐就是不受束缚的自我。

治愈苦行观

我爸爸是历尽艰辛才把我和我弟弟大卫带大的。他常常自豪地向我们说起他小时候的生活是多么艰难。同一个故事，他要重复讲好

几遍，每次都夸大其词地诉说那时的艰难，而且一次比一次严重。

一讲到从前的艰辛生活，爸爸便神采奕奕。实际上，经历越艰苦，对家庭就越依赖。我们家的人都熟知“学校里的故事”，这些故事最后变成了这样：

> 我们太穷了，每天只能步行去上学。我们家买不起汽车，连乘公共汽车的钱都付不起。不管刮风下雨，我每天都要走六英里的路去学校，放学了还要走回来。我只有一双鞋，鞋底早磨掉了。七年中，我只有一套校服，就连这套校服都是二手的。
>
> 但是，我从没缺过课。即使体温达到华氏108度，我还是会去上学。你必须去，不去就要挨打。在学校，我们很注意自己的言行。如果行为不检也会受到惩罚。我们要记住老师说的每一句话，否则就会挨骂。
>
> 我身无分文，不得不和其他同学共用课本，钢笔，铅笔，甚至墨水。对我来说，课本是奢侈品。天寒地冻的时候我们也得工作——中央暖气那时还没发明出来。一天只有一顿饭。圣诞节的时候，拿到一只橘子或者一些坚果就已经很幸运了——那时候根本就没有什么电脑游戏。

我还记得其他一些老生常谈，比如“为了挣一便士，我们一天要打扫两次房子”，还有“如果得分低于B+，那我们就要在操场上除草一周”。奇怪的是，大卫和我都觉得，小时候，最开心的事情就是听爸爸讲他那些童年的遭遇。

正因为我们觉得自己有罪，觉得自己毫无价值，所以才会为快乐而痛苦。正像为快乐而劳作的人一样，为快乐而痛苦的人告诉我们，快乐不是免费的，它需要你付出代价。他们还认为，未经历过痛苦就可获得的快乐是没有价值的，也是支离破碎的。当然，这都是胡说八道。不受束缚的真相是

你无须经历痛苦以获得快乐。

但是，为快乐而痛苦的人会对你说，痛苦是快乐的先决条件。这些人还坚持认为，不失去爱，你就不会理解爱；不经历冲突，你就不会享受和平；想要成功，就要先经历失败；在你强大之前，你必然是弱小的；找到真正的信仰之前，你必然要堕落。然而，事实上，心灵的平静不需要经过冲突去获得，爱不需要经过恐惧去获得，喜悦也不需要经过痛苦去获得。

许多人都饱受痛苦折磨，因为他们相信，痛苦会将你磨砺成一个伟人。这完全是胡说八道——

痛苦是肯定会有的，但痛苦不能让你成为伟人。

很遗憾，我们肯定会经历痛苦。所有的人都体验过失望，失落，痛苦，失败，遭到拒绝和失去亲人等感觉。我不是在贬低痛苦，我的意思是，并不是所受痛苦越多你就越伟大。你的自我价值从你出生的那一刻起就已经存在了。你的价值来自你本身，而不是来自你的痛苦。

我已经说过，在减压诊所，我注意到，人们喜欢把自己的病痛和

困苦告诉别人，希望能得到更多的爱和关注，或是得到更多别的东西。这很可悲。通常，要治愈创伤，首先要明白，并非伤痛越多你的价值就越大。换言之，

想要快乐，就必须抛弃“受难者”、
“受害者”和“正在康复的瘾君子”等身份。

这几天，我发觉，人们总喜欢通过疾病来介绍自己。自我介绍刚开始的那段时间，百忧解、失眠症、依赖、治疗、莫名的怒气、尼古丁贴剂、情感问题这样的词语不绝于耳，还有人说“活着太难了”。相互握手之后，我们又会听到这样的自我介绍，“我是个抑郁症患者”、“我患有旷野恐惧症”、“我正在康复”。我们从来不会自称为“曾经手骨骨折的病人”，但是，现在好像有越来越多的人喜欢自称为“清醒的酒鬼”。

最近，我碰到一位叫莎拉的年轻女士。她赶了两天的路过来见我。她二十五岁，身材高挑，过去十年中，她一直受着易饿病的折磨。我问她：“莎拉，你能不能不要把自己称为易饿病患者？”这是莎拉最震撼的时刻。听了我的话，她全身都开始颤抖。“我知道你得了易饿病，但你知不知道，你不等于易饿病。”我说。

莎拉相当出色地接受了这次挑战，其实我早就感觉她是可以承受这次挑战的。“我吃了一惊，”她说，“但我也明白了你的意思。其实以前我根本就不知道，没有易饿病的我究竟是谁，究竟会变成什么样子。”我尽量让莎拉放心。我告诉她：“我知道你经历了很多痛苦，但我希望你看到，这种痛苦不能决定你和你的价值。在恐惧、眼

泪和痛苦的背后，快乐仍在等着你。你的快乐完好无损，而你也是完整的。不受束缚的自我的喜悦正等你去迎接它。”听了我的话，莎拉露出了笑容。

见面两周后，我收到了莎拉的一封信，原文如下：

亲爱的罗伯特：谢谢你。谢谢你。谢谢你。十年来，你是第一个没有把我当成易饿病患者的人。你把我看做一个完整的人。起初我不太明白你的用意，甚至对你的这种做法有些抵触。但现在，我已经渐渐明白了你所说的话。多少年以来，我第一次没有把自己和易饿病联系起来。这个想法让人惊奇，也让人兴奋。下次见面的时候，你也不要当我是易饿病患者了。我很快就会来拜访你的。诚挚的问候。莎拉。

为快乐而痛苦的人认为，痛苦可以弥补自己的卑微，还可以作为快乐的代价。为快乐而痛苦的人把希望寄托在这个想法上。他们觉得，这就像在车库积攒加油的点数一样，希望“X”数量的痛苦可以支付“Y”数量的快乐。然而，事实却是，

不管多大数量的痛苦都买不来快乐。

快乐是买不到的，因为快乐是自由的。而且，快乐和痛苦之间也没有转换率。痛苦不能拿来和快乐做交易。同样，困苦，伤痛，牺牲，厄运，艰辛，悲剧，灾难和考验都不能用来换取快乐。快乐是无价的，快乐是自由的，你永远无法从这样的自由中逃出去！

你怎么知道自己是不是产生了"为快乐而痛苦"的念头呢？下面就是常见的症状：

- 你满脑子都是"不劳无获"的思想。
- 你觉得，不经历痛苦，就不会得到任何有价值的东西。
- 你觉得任何未经痛苦就得到的礼物都是不可靠的，即"来得快去得也快"。
- 你觉得天下没有免费的午餐——任何东西都是需要代价的。
- 你身体不好。
- 如果做某件事有更困难的办法，你一定会把这个办法想出来。
- 别人对你都比你对自己要好。
- 你不接受表扬，因为你相信，赞扬会让人自满。
- 你觉得自己可以胜任"艰苦学校"里的班长职位了。
- 舒适、富有和奢华让你觉得很不自在，很有负罪感。
- 你是个喜欢唱反调的小人，对生活舒适的人恶语相向。
- 痛苦越少，个人价值越小。
- 你不断地经受痛苦，所以你觉得自己是个"真正的人"。
- 生活本来就是一种苦难，你就这样过完了一辈子。事实不就是这样的吗？
- 你告诉自己，经历的痛苦比你少的人都远远不及你优秀。
- 你觉得没人比你更痛苦。
- 你将爱和同情混为一谈——痛苦可以为你博取同情。

● 你是个"事儿妈"——不发生点事情你就不自在。

● 痛苦是你唯一的学习曲线。

● 你把激情和虐待混为一谈——所有的浪漫对你来说都是折磨。

● 过多的安逸带来深重的负罪感。

● 你指望着上帝看到你受苦会心存内疚，然后待你就会厚道。

● 你喜欢挣扎，然而一旦获得成功，又会有负罪感。

● 你的生活中一直存在敌人。

● 你总是在与人与事争斗。

● 事情明明很简单，你却偏要想得很复杂——你喜欢把所有的事情都搞得很复杂。

● 你觉得，要得到自己想要的东西就必须奋斗，所以你不停地争斗！

● 你喜欢与别人比伤疤。

为快乐而痛苦的人存在着另一大误解，即痛苦带来顿悟。事实恰恰相反，带来顿悟的不是痛苦，

只有放弃痛苦才能顿悟。

世界上有不少宗教和哲学派别都推崇痛苦，认为痛苦是取得收获的必经之路。尤其是基督教，他们对教徒的教诲已经扭曲了，变成鼓励教徒经历痛苦以获取快乐。中世纪的基督教徒对待快乐的

态度非常严肃，他们贬斥欢笑，把它称做是“魔鬼的歌声”，又将快乐诬蔑为自制力的敌人。

耶稣在十字架上受难的形象早已深入人心。但是，你却很少见到耶稣复活后的画像。几年前我便注意到了这个差别，所以我决定开始一项新的收集——收集大笑的，微笑的，快乐的耶稣画像。现在我已经收集了不少了。

每次经过基督教书店或者教堂，我总会进去问一问，有没有耶稣开心时的图像。每次都得不到我想要的回答。而且每次别人都以惊讶的、恐惧的或者鄙视的目光回应我，好像我问的问题是：“你们有没有耶稣抠鼻子的画像？”耶稣应该是快乐的！想想吧，谁愿意追随一个吓人的、悲哀的救世主呢？

基督教经常为痛苦辩护。一个很老套的论据就是，你要小心，不能经常笑，因为《圣经》里从来没讲过耶稣会笑。而我的反击是，《圣经》里也从来没讲过耶稣会刷牙，会买生日礼物，或者订购比萨饼，但这并不说明我们就不能做这些事。不管怎样，《圣经》描写到快乐的地方有很多，你大可以参考一下。比如，有一本传道书中就写道：

> 别把自己扔给忧伤，别想太多，自寻烦恼！心灵的快乐就是人的生命，喜悦给了他白天的光明……别再畏首畏尾，要安慰自己的心灵，把忧伤驱逐出去，因为忧伤毁掉了很多人，对任何人来说，它都毫无用处。

痛苦的唯一价值就是提醒你，你现在不快乐。所以痛苦的作用就是提醒你选择快乐，选择爱，选择恢复，选择宽恕，选择欢笑，选择自由。所以,对待痛苦,唯一有所帮助的办法就是,把痛苦当成一次机会,让你能够按下生命的重启按钮,再次投身到真正重要的事情中去。

想要得到快乐,就必须以喜悦为重,以痛苦为轻。而且,你还要时不时地提醒自己,痛苦不能给我带来快乐。你的以为,痛苦能为你赎罪,但实际上,你的罪过都是不真实的,而是你想象出来的。只要你相信这一点,相信自己是这样,别人也是这样,那么,你就不会再痛苦了。

治愈殉道观

快乐是用来与人分享的。

为快乐而牺牲的人都对快乐存在误解,最大的误解就是,快乐是自私的。另一个误解是,我快乐了,别人就不会快乐。换句话说,为快乐而牺牲的人觉得,世界上没有足够的快乐去分给每一个人。为快乐而牺牲的人还担心快乐会导致欺骗,我的快乐对别人来说没有价值,对于世上那些正在受苦的人们来说,我快乐就是没有顾及他们的感受。

"快乐是自私的"这个观念是不对的,离事实远得不能再远了。心理学调查一次又一次地发现,以自我为中心的,只为自己考虑的通常是那些郁郁不乐的人,而不是快乐的人。快乐的人通常比较外向,善于交际,慷慨大方,充满仁爱之心。他们也比郁郁不乐的人更宽容，更仁慈，不那么喜欢评判。

为快乐而牺牲的人会把快乐和享乐主义、找乐子、贪婪、骄傲、自吹自擂、摆架子和自负混淆起来。他们忽视了这样一个事实：真正快乐的基础是爱。像爱一样，

真正的快乐的第一动力是分享；快乐不是自私的。

我以前读过一则采访，访问的是一位女士，她在美国南部的荒野上隐居了整整十年。采访过程中有这样一个问题："你会孤独吗？""会，"她回答说，"我最孤独的时候不是心情不好的那一刻，而是我快乐的那一刻，因为我找不到人来分享我的快乐。"真正的快乐永远不会是自私的。

为快乐而牺牲的人初衷是好的。他们本来的目标是抛弃"自我"，回忆起"精神世界的自己"。精神世界的牺牲者原本是想抛开不足、罪恶和孤立等观念的。他们的最初观点不是损失，而是完整。

世界上很多传统思想所推崇的殉道精神都是被扭曲了的。实际上，自我牺牲（与精神殉道恰恰相反）全都和挣扎、痛苦和牺牲有关。所以，在基督教传统里，既要当圣人又要快乐几乎是不可能的。为快乐而痛苦的人应该明白，

牺牲换不回快乐。

真正的快乐只要求你抛弃一种思想——为了快乐，你必须牺牲一点实实在在的东西。所以，真正的快乐并不是牺牲，而是自我接

受——承认自己无罪，而且生来就是完整的，有价值的，健全的。

我曾见过一位叫乔伊的女士，几周前，她从伦敦赶过来找我。乔伊四十多岁，是个艺术家，新近离了婚，正想过一种全新的生活。而且，用她自己的话来说，她是个“抑郁症患者”。乔伊从小就信仰天主教，她上的是修道院的学校，在那里，她学到了牺牲和殉道的“价值”。

“牺牲是修道院首先要教会我们的东西。”乔伊告诉我，“他们说我们都有罪，所以我们来到这个世界上就是为了赎罪，为了牺牲。”“你们是怎么牺牲的呢？”我问道。“每天我们都要洗冷水澡来加剧肉体的痛苦；冬天也要把窗子开着；总是没有饭吃；睡觉的时候没有枕头；我们喜欢的一切都要放弃……”乔伊说了一大串赎罪的方法。“因为我想做个好人，所以我尽一切力量去作出牺牲，但是，我的牺牲似乎永远都不够。”她说。

乔伊发现，每次她希望快乐时，整个宇宙似乎都串通起来要“让她不开心”。“最近，我想去做一次芳香疗按摩，以前我从来都没做过。”她告诉我，“虽然这样做会让我有负罪感，觉得自己错了，但是，我还是很想做。可是，我去按摩店那天，按摩师却生病回家了。她的同事告诉我，这个按摩师以前从来没生过病。”乔伊继续说，“上个礼拜，我想去听歌剧，我以前也从来没听过。但到了歌剧院，却发现演出取消了，因为那里刚发生过一起爆炸事件。今年年初，我去度假，这是二十年来头一回。可是我生病了，两个礼拜都耗在医院里了。”

我告诉乔伊，所有这些快乐的障碍都不是上帝设置的，也不是整个宇宙串通好了有意要和她作对，而且，这些障碍也绝非巧合。

乔伊的经历和那些殉道者的经历太像了，不可能是巧合。“乔伊，我知道这一切都很让你心烦，”我说，“但是，如果你继续信奉牺牲的价值，那么我想你还会招来更多的失望。”“你说这些都不是巧合？”乔伊问。“对，这些都是必然的结果——是你坚信自己有罪，坚信需要牺牲的结果。”

乔伊觉得自己有罪，觉得自己没有价值，这些信仰都是后天培养出来的，而我们便一步一步地挑战这些信仰。“你学过不足和牺牲，”我对她说，“但现在，我们要重新学一下完整和喜悦，因为你的名字就是喜悦的意思，不是吗？”现在乔伊经常和我联系，而且一直都有新的进展。

大部分牺牲者都“扼杀快乐”，虽然他们自己对此矢口否认。他们害怕“任何形式的快乐”，所以他们总给“太过快乐”的人泼冷水。对信奉牺牲的人来说，快乐是最让他们感到进退两难的事情，因为你不能既快乐，又有罪。所以，信奉牺牲的人就必须在快乐和罪孽之间作出抉择。

牺牲是由罪孽和没有价值这样的想法引出来的，而且其结局也会是罪孽和没有价值，这是不可避免的。很多信奉牺牲的人最后都郁郁不乐，因为他们觉得自己从来没得到过他们应得的同情。而且，大多数信奉牺牲的人最后都有很强的操纵欲，他们以自己的罪孽为尺度，去衡量别人的罪孽。信奉牺牲的人学会了适应失望和失落，虽然他们也梦想着快乐和喜悦，但是，当快乐和喜悦真的到来的时候，他们又觉得不舒服。这是因为，

对信奉牺牲的人来说，接受是魔鬼的象征。

为快乐而牺牲的人有一个共同的症状，这个症状你自己可能也有，那就是，每次受到别人恭维，收到礼物，或者得到爱的时候，你都会退缩。学会接受，学会说“谢谢”是需要技巧的。信奉牺牲的人怕的就是“快乐让你自私”，但是，可笑的是，令人自私的恰恰就是他们的殉道主义，因为：(1)信奉牺牲的人拒绝别人的给予；(2)你不能自由地接受，也就不能自由地给予。

信奉牺牲的人被罪孽的幻觉重重包围，所以才忽略了一个事实——

你的快乐就是你给予世界的礼物。

二十八岁的简是个单亲妈妈。她住在高层公寓里，靠社会救济维持生活。她一丝不苟地执行“赎罪计划”，所以，她一路走来，根本就看不见快乐。她是个典型的牺牲主义者，所受的也全是牺牲主义教育，相信“一个女人不管怎么做都是不够的”。她觉得自己是个二等公民，根本不知道如何去满足自己的要求。她说：“我和别人在一起时不能放松；我必须对他们有点用处，总是要帮他们，取悦他们。”

我向简指出，每次她虐待自己的时候，她的宝宝就会哭，就会生病，就会不高兴。说到这里，简的态度转变了。她立刻就看到其中的联系。几天之后，她对我说：“我明白了。我必须善待自己，因为我善待了自己，我的家庭也会受益。”我说：“是啊。”她接下去说道：“所以快乐不是自私的。你完全可以快乐。”

实际上，你不仅仅可以快乐，而且你的快乐也是一份厚礼。它是一种启发，是一个绝佳的例子，也是你为世界做的一件善事。你的快乐对世界的贡献比你的痛苦要大得多。选择了快乐，你就成了“世界之光”。在“快乐计划”中，我们用一首诗歌来庆祝“快乐是礼物”的观点：

因为世界充满痛苦，
所以你的快乐是一件礼物。
因为世界充满贫困，
所以你的财富是一件礼物。
因为世界不友善，
所以你的微笑是一件礼物。
因为世界充满战争，
所以你心灵的和平是一件礼物。
因为世界处于绝望之中，
所以你的希望和乐观是一件礼物。
因为这个世界充满惧怕，
所以你的爱是一件礼物。

第五章　自由地生活

快乐是自由的——没有束缚。

我有一位客户叫安娜贝尔。她总是想提高自己，因此总是闷闷不乐。安娜贝尔四十多岁，有两个孩子，离了婚，现在还是单身，她热衷健身，只吃“健康食品”，对“自我提高”坚信不疑。实际上，她曾对我说，她“为了提高自己而活着”。通过自我提高，安娜贝尔还干出了一番事业，她写了八本关于自我提高的书，而且经常出现在广播和电视节目中。

安娜贝尔把自己称为“自我提高迷”是非常贴切的。她的一天由沉思开始，然后是下定决心，接着仅喝一杯健康饮品当做早饭，再出去快步走一圈。她每周惯常要做的事包括针灸提神，软组织深层按摩，还有从不间断的治疗。每个礼拜她至少要看两本有关自我提高的书。她最好的朋友是她的健身教练。她称自己为“研讨会狂”，因为她不会错过任何城里任何一场和自我提高有关的讲座。

安娜贝尔就是这样自我提高的。听了我下面的话，她感到震惊，

要想快乐，就必须放弃自我提高。

驱使着安娜贝尔不停追求自我提高的不是喜悦，而是负罪感，是认为自己不配享受快乐的错误观念。我告诉安娜贝尔，除非她改变看法（即抛开负罪感），否则自我提高是不会给她的心灵带来真正的长久的平静的。

安娜贝尔听得很认真。她说："要说自我提高不能带来快乐，恐怕我就是个活生生的例子了。"我答道："我并不是让你不要提高自己的生活质量，事业，健康，技能，但我希望你可以明白，真正的快乐并不需要你提高自己，不需要特别的条件和智力，也不需要把人分成三六九等区别对待，不论经济状况，不必刻意牺牲，什么也不必限定。快乐是免费的，对每个人，每一刻和世界上的每个角落都是这样。

我告诉安娜贝尔，她的经历和我十分相似。我特地和她分享了我人生中的一次"重大事件"，那是我三十岁生日之后的那一天。这次事件诱发了我人生中的另一次转折，因为我就是在那个时候决定永远放弃自我提高的。

我三十岁的生日"以眼泪告终"。我本来正在享受生日庆典，但突然之间，脑海中有一个声音粗暴地打断了庆祝活动。在我看来，那声响就像一首经过充分排练的进行曲，不断地演奏着"你不够好"、"你走错了路"、"前途一片黑暗"以及"你一事无成"。我的自我现在有发言权了。

我一下子将这声音赶出了脑海，大声叫道："为什么我感觉还是那么差？"这个时候，又有个声音在我脑海中唱了起来："你活了这么久还是一事无成。"我回顾了一下十二年来的生活，我读了五本自我提高方面的书（其中几本我读了不止一次），我听了不下二百场关于自我提高的讲座录音，参与了数不清的自我提高项目，做了成千上百次自我提高的实践，而且每天思考五个小时，还经常祈祷，等等。

正当我仍在罗列我在自我提高方面所作的努力的时候，我突然觉得，如果我把用在自我提高上面的经历投入到提高身体素质上，比如说健身，那我现在也许已经成了“全宇宙的健美先生”了，可能到时候我全身肌肉都会很发达，出入门廊都要侧身行走。但是，如果我真的练到了那种程度，我会不会还是觉得自己做得远远不够呢？

泪水涌出了眼眶。我彻底崩溃了。我祈求得到帮助。这时，我的内心开始和自己对话，然后，我便有了新的认识。我第一次明白过来，

再多的自我提高都无法弥补自我接受方面的欠缺。

快乐不需要自我提高；它只需要你无条件地接受自己，也就是说，要愿意承认，不受束缚的自己是完整的，是快乐的，是健康的。换言之，虽然自我以为自我提高就能带来快乐，但自我接受仍是要抛弃自我，也就是抛弃你后天培养的“内在世界不完善”理念。

所以，你必须作出最后抉择——(1)提高自我；(2)抛开自我，接受完整的、不受束缚的自己。我三十岁生日之后，“快乐计划”就不再开设自我提高方面的课程了。我们不再鼓励人们说，想要有资格获得快乐，就必须先提高自我。不仅如此，我们还帮助人们抛弃自我提高，转而相信自我接受。

自我接受是开启王国宝库大门的钥匙，你的王国就是不受束缚的自己。在“快乐计划”中，我经常引用下面的话：

没有自我接受，就没有和平；接受了自己，和平就属于你。

没有自我接受，爱就必须等待；接受了自己，便能迎接爱。

没有自我接受，就没有快乐；接受了自己，你就会理解快乐。

没有自我接受，真相被破坏；接受了自己，真相又恢复如初。

没有自我接受，你无法让任何一个人完全进驻你的生命；接受了自己，你便能做到。

没有自我接受，你总是躲躲藏藏；接受了自己，你的灵魂就会闪光。

没有自我接受，什么东西都不会足够；接受了自己，便足够了。

没有自我接受，你便不能自由成长；接受了自己，你的潜力便可以自由发挥。

没有自我接受，便没有机会；接受了自己，你总是能获得机会。

无为而乐

下面这个故事可以让你反省一下，看看自己要懒到什么程度才会有负罪感：

这是个美丽、炎热又让人倦怠的夏日。比利在河边钓鱼。过了一会儿，一个西装革履，打着领带的人经过他身边。那人问:“怎么样啊?”“我很快乐,什么也不用干。”比利回答说。“钓到鱼了吗?”陌生人又问。比利并没有停下来数鱼:“可能钓了十条吧,但我又把它们放回去了。”

“十条!你该把它们留着卖掉。”陌生人说。“为什么?”比利问道。“这样你就能赚一笔钱,然后可以用这笔钱买根更好的钓竿。”“为什么我要买根更好的钓竿呢?”比利问。“有了更好的钓竿,你就能钓到更多的鱼。”“我为什么要钓更多的鱼呢?”比利又问。“啊,更多的鱼就意味着更多的利润嘛,有了更多利润,你就可以有自己的运输车了。”陌生人说。“但是我现在这样就很好啊,什么都不用做,但是很快乐。”比利说。

“好吧。但是有了鱼车你的利润也会更多。”陌生人接着说。“然后呢?”比利问。“这我就不知道了,也许哪天你可以靠自己的努力开一家鱼馆呢!”陌生人说。“然后呢?”比利问。“啊,到那时你就很有钱了,什么时候想来这儿钓鱼都可以!”陌生人说。“我现在不已经这样了吗?”比利笑着说。

钓鱼象征着简单的生活。比利是你不受束缚的自己,完全放松,无为而乐。西装革履,打着领带的陌生人就是自我——它总是悄声告诉你,在获得快乐之前,你必须辛苦,必须挣扎。

当自我接受让位于自我提高的时候,你会经常拒绝眼前的快乐,因为你相信,“必须”、“一定要”、“应该”先满足某些前提条件。所以,

你会不停地提出“必须”、“一定要”、“应该”,把自己弄得闷闷不乐。

不受束缚的自我对快乐没有要求——因为它是不受束缚的。自我的心灵总是相信自己不足，于是又像一个狂妄的教练一样，总是大叫着“必须”、“一定要”、“应该”，相信一定要先满足某些条件，你才能快乐。

比如说，你判定自己“不够好”，必然产生很多“应该”怎样的想法，比如“应该可以做更多”；“我心存恶念”的心理会让你觉得“我必须一直行善”；“我错了”的想法会让你觉得“我一定不能出错”；害怕自己“什么都不是”的心理会让你产生“我应该有所作为”的想法。这样的想法不胜枚举。

认知心理能准确地辨认出自我的极度不理智、极度虚幻的想法，这样的想法会让人觉得自己“必须”、“一定要”、“应该”做某事。阿尔伯特·伊利斯是“理智情感行为疗法”的创始人，他非常直接地讥讽自我的这些想法，将其称为“强制欲”。解决这些问题，消除这些恐惧的有效办法就是欢笑。

“强制欲”一般会有如下症状：

- 只有每个人都喜欢我，我才能快乐。
- 只有永远不犯错误，我才能快乐。
- 只有永远表现很好，我才能快乐。
- 只有一直控制住自己，我才能快乐。
- 只有每个人都公平地对待我，我才能快乐。
- 只有我配得上，我才能快乐。
- 只有为之付出努力，我才能快乐。
- 只有永远不生气，我才能快乐。

- 只有完美了，我才能快乐。
- 只有永远准时，我才能快乐。
- 只有永远不放松警惕，我才能快乐。
- 只有隐藏自己的感觉，我才能快乐。
- 只有永远不当弱者，我才能快乐。

你为自己规定的“必须”、“一定要”、“应该”做的事情可以列成一张表。有些“强制欲”已经是习惯成自然了。这些“必须”、“一定要”、“应该”做的事情已成为宇宙中的惯例，而不是你个人的幻觉了。

揭开覆盖在“应该做的事情”上的面纱，让它去吧，向它微笑！
记住，快乐是自由的。

只要你能这样想，你便帮了自己的忙。

自我对自己的身体总有诸多不满和责备，常想自我提高，因此提出了很多“应该做的事情”。自我的每一天都是一场战争，敌人就是脂肪、白头发、发梢开叉、皱纹、腰侧赘肉、胸部下垂、啤酒肚、卡路里和粉刺。如果弹性蛋白很低，你怎么能快乐呢?！自我一次又一次地做美容手术，化妆，追求感官享乐，做面膜，做高能量运动，企图支撑起它那脆弱的快乐。

自我的支配范围包括下面几项“应该”和“强制”做的事情：

- 想要快乐，我必须减肥。
- 想要快乐，我必须增肥。

- 想要快乐，我必须练出更多的肌肉。
- 想要快乐，我必须减少食量。
- 想要快乐，我必须多锻炼。
- 想要快乐，我必须不吃巧克力。
- 想要快乐，我必须摆脱身上的脂肪。
- 想要快乐，我必须去做一次紧肤护理。
- 想要快乐，我必须少吃一点。
- 想要快乐，我必须多吃一点。
- 想要快乐，我必须丰胸。
- 想要快乐，我至少要穿 M 号的。

你一次次地向自己保证，只要满足了这个“必要”的条件，你就可以永远快乐了。但问题是，如果你不能接受自己，自我提高和“必须”做的事情是永无止境的。自我沉溺于“必须心理”之中，因为它同时也沉溺于“快乐需要有个完美的前提”这样的想法之中。另外，自我本质上就是永不满足的。你不能让自我平静下来，你只能抛开自我。

所以，你只有两种选择，或者你徒劳地去迎合你的“应该主义”思想，然后再快乐，或者你直接就享受“快乐”！只要你接受了自己，接受快乐永远是自由的，你就可以享受快乐了。

自我的三座“海市蜃楼”

“喜悦不是胡萝卜。”

——琳达·卡彭特

把你的自我想象成《爱丽丝漫游奇境记》中的兔子，它参加重要约会的时候总要迟到，总是匆匆忙忙，总是追逐着它想象中的胡萝卜。兔子第一次出场就打破了爱丽丝的平静，当时她正在潺潺的溪流边休息。这本应是个慵懒宁静的时刻，但兔子的匆忙、慌张、惊恐和喧闹打破了这样的平静。

你有没有注意到自己就像那只兔子一样匆匆忙忙地生活着？你的内心通常是平静的呢，还是支离破碎的？“快点，快点”，自我叫嚣着，它相信善皆在外，相信内在一定缺失了什么。不受束缚的自我内心的平静永远是真实的，它永远不会被打破，但是，它会被忽视。

除非你承认快乐在你心里，否则你就一直被迫到处奔走，从一个地方赶到另一个地方，在世界上徒劳地搜寻着，找到的也不过是些复制品。自我把快乐的希望寄托在三个模糊的目标上——“更多”、“那里”和“下一次”。自我认为，“只要再多一点”，“到达了那里”，并且“迈出了下一步”，我们就能快乐了。但问题是，

快乐不需要你迈出下一步，它就在你眼前。

我们过着快节奏的生活，经常忽略我们已经拥有的东西，不懂得去欣赏它们，反而去追求“更多”；我们用现在的快乐去换取“以后”的希望；我们抛弃了“眼前”的一切，向“远处”全速奔去。但是，如果你不能接受自己，“更多”、“下一次”和“那里”带来的快乐很快就会消失，如同干渴的旅人在沙漠中迷了路之后，海市蜃楼便消失了。

1. “更多”

快乐——我们越是追求它，它越是会逃开。

20 世纪 80 年代是一个以“更多”为目标的年代，那时，整个社会“花销不断”，企图通过购得更多“材料”而一劳永逸地把快乐买回来。世界成了一个大百货商场，购物成了整个国家的首要娱乐方式，物质主义的盛行似乎是给了人们救赎的方法。有人认为，90 年代将会是一个后物质主义的时代，提出这个想法在那时似乎为时过早，但事实上，确实有越来越多的人意识到，

更多“材料”给不了你更多“快乐”。

最近几年，五百多项心理调查都显示，自 20 世纪 50 年代开始，(1)我们拥有前所未有的物质财富；(2)我们更加抑郁，更加狂暴，更加自暴自弃，压力更大。这些调查表明，“有得必有失”，也就是说，我们得到的更多，想要的也就更多，所以就更加不容易满足。

“更多”是自我的目标，我给它取了个亲切的名字，叫“奥利弗综合征”，它体现了自我的一个希望，那就是，“更多材料”让你能从帽子里变出一只兔子来，这样你就快乐了。但是，自我永远也不会满足——试想，它总认为自己缺了点什么，又怎么会满足呢？很明显，我们不需要“更多材料”，但是，我们确实要在更大程度上接受自己。我们必须明白，虽然更多材料可以帮助你快乐，但是，它们本身不能给你快乐。内心不平静，即使拥有再多的东西，你依然不会满足。自我接受是关键。换句话说，

除非你选择了快乐，否则，有再多的东西也不够。

你还记不记得，十年之前，你向自己保证，得到了你现在拥有的东西，你就会快乐了，但现在你快乐了吗？你记不记得，你试图说服自己，得到晋升就会快乐了？上次你确实得到了晋升，但是，你快乐了吗？现在，你比五年前更成功，但是你是否比那时更快乐呢？而你近来的成功却给你带来了更大的工作量，而不是减轻你的负担，这不是很奇怪吗？

现在你觉得你还需要得到什么才能快乐呢？你还需要怎样才能觉得自己足够好，才能快乐，才能成功呢？是需要更多钱吗？看一下调查吧！也许你追求的是更大的力量，更好的条件，更多的认可，更大的衣柜，更多的时间，或者你希望自己家里能再多一个卧室？不管你要的是什么，世界上的“东西”都不过是些玩具。它们都是你的乐趣所在。你可以尽情享受这些东西，但别指望它们可以给你带来快乐。

2."下一次"

快乐是属于现在的——和将来无关。

我家里有一个很珍贵的钟,那是一次年会上,我作完"生命的基础"演讲之后得到的礼物。这个钟是"现在时钟",它和别的时钟没什么差别,除了一点,就是普通时钟上都标着1到12这几个数字,但这个时钟上,本该标明数字的位置却只写了"现在"这个词。这个钟能帮助我按时完成该做的事。

关于快乐的广泛心理调查显示,你二十多岁的时候不会快乐,三十多岁的时候也不快乐,四十,五十,六十,七十甚至一百一十岁的时候都不会快乐。也就是说,生命中,没有哪个特定的时段,年龄段,或者阶段可以给你带来快乐。实际上,

快乐和时间无关,它只和"现在"有关。

与普遍观点相反,时间不能治愈创伤,时间不会流逝,时间什么都不会做。时间没有意识,所以它不能为你做任何事情。获得现在的快乐,关键是你选择利用现在的时间去做什么。你现在是不是能把时间利用得恰到好处?毕竟,现在这一刻是你生命的一部分!

《爱丽丝漫游奇境记》中的兔子到哪里都戴着一个表,为了看时间。但是,它总是匆匆忙忙地赶往下一个地方,根本来不及看时间。所以,它不仅仅"失去了时间",还失去了现在的时光。有多少次你被时间牵着鼻子走,错过了现在的快乐?你真那么肯定"下一次"比

“现在”要好吗？

每天我都提醒自己，要放慢培训的进程，这样才能享受现在的时光。“下一次”可以等现在这段时间过了之后再享受。“现在”就在眼前，我要把所有的精力都投注到“现在”上去。这事情很有趣，但是，我一次又一次发现，

你给予现在的越多，从它那里得到的也越多。

有了“现在时钟”的帮助，我就有时间享受现在的时光了。要做到这点并不难。有时候，只要做一次长时间、慢节奏的深呼吸就足够了。一个微笑就有很大作用。一句“谢谢”听起来是那么诚恳。惊奇和敬畏也有自己的作用。在室外听到鸟鸣的时候，我便停下脚步去找声音的来源。看到一朵漂亮的花，我便给它取名，像遇见一个好朋友一样和它打招呼。快乐能让你与众不同。

自我“下一次”的目标和它“快乐在别处”的信仰是一致的。这都是因为，自我并不是生活在“现在”的。我自己也总是这样，特别是坐下来吃午饭的时候，我脑子里想的第一件事通常不是午饭，而是“我们今晚吃什么”。而且，我们家还有一个成员，名字我就不说了，她去度假的时候总背着满满一包的度假宣传册，以便计划她的下一次假期！

关于“下一次”的美好幻想总是让你无法将最好的给予现在。我们总是欺骗自己说，快乐会来的，我们要把最好的留给“下一次”，“下一份工作”和我们“下一个伴侣”。但事实上，如果你自己不改变，那么“下一次”和现在也不会有什么区别。换句话说，

时间不能让你快乐，真正起作用的是你的态度。

你要承认，快乐是一种选择，而不是一个时钟，否则，即将到来的“下一次”也不会比现在更让你快乐。时间不是你的答案；你的意识和决定才是真正的答案。时间拯救不了你，但是改变自己的想法就可以自救。放慢节奏，不要着急，让内心的快乐浮出水面。这样，现在就为“下一次”作了完美的铺垫。

> “在这个世界上，我们行色匆匆，
> 与真实的自己分离了太久，
> 我们厌倦了忙碌的生活，厌倦了尘世的欢娱，
> 孤独是如此迷人，如此祥和。”
>
> ——威廉·华兹华斯

3.“那里”

快乐是旅行的过程，而不是目的地。

在社会上，造成压力的最主要的原因就是，我们把快乐放在遥远的地平线上，而不是放在心里。所以，我们就把快乐当成目的地，当做一个地点，一个我们将要到达的地方，一个最终的神殿。突然之间，我们就必须穿越时空，到达遥远的彼岸，然后才能快乐。

我还记得第一次问欢笑诊所的客户“什么是快乐”的时候是怎

样的场景。我们互相看了答案，其中也包括我的。我们发现，几乎每个人的答案中都有长途旅行这一项！比如“快乐就是迈阿密的海滩加上一杯冰镇的果汁朗姆酒”，“快乐就是天上繁星”，“快乐就是印度洋里的一个荒岛”，“快乐就是在巴西的一次狂欢”，还有“快乐就是夏威夷”。

自我的“去那里”和“那边的草更绿”的想法寄托了你所有的希望，比如快乐，平静，爱和救赎，希望通过地理位置的改变使这些都变成现实。问题是，

地理位置的改变不能让你快乐。

地理位置的改变当然可以帮助你快乐，但是它本身不能给你快乐。而且，只要你不能接受自己，那么不管地理位置如何改变都无济于事。如果你觉得自己身处地狱，那么你所到之处都是地狱；但是，如果你觉得自己完整健康，那么，你所到之处都将是天堂。

诚然，新的位置会激发新的想法，带来新的观点，创造新的信仰。所以，换地方和换工作总有一段时间是有作用的，因为那是一个新的开始，但是，因为这个世界就是你内心的影子，所以，只要你不能接受自己，“你在新地方的感觉最终还是和老地方一样”。

正如法国作家马塞尔·普鲁斯特曾经写过的那样，有时，发现的旅程并不在于发现新的风景，而是有了新的视野。想要快乐，我们就必须从不同的角度看世界，看我们自己。自我相信自己缺少了点什么，就看不到自己的完整。所以，

自我“到达过那里，做过该做的事情”，但它还是不快乐。

你能抛开自我吗？换句话说，你愿不愿意相信自己已经完整了，已经快乐了，已经有价值了？你能不能相信，你的内心很可能已经拥有你一直在外界寻求着的奇迹？对自我来说，这些想法都是大逆不道的；但是，对于不受束缚的自我来说，这不过是一个再自然不过的想法。

宇宙笑话

如果你不再寻找快乐了，结果会怎样？
如果你发现自己已经快乐了，
结果又会怎样？

讲宇宙笑话之前，我先要很你们分享一段文字，题目叫做“提问时间”：

“上帝啊，我近吗？”朝圣者问道。

“近？”上帝反问，“你说的‘近’是什么意思？”

“近——就是离您不远——靠近队伍的最前面——我是您的选民——是与众不同的。”朝圣者说。

但上帝不理解，他说：“你就是我——你离上帝要多近就有多近。”

“主啊，有多快呢？”僧人问道。

“多快？”上帝反问，“你说的‘快’是什么意思？”

“快——短促——迅速——还有多久我才能到达你的身边？”僧人问道。

但上帝不理解，他说：“没什么会在现在之前或者之后发生。现在对你来说够快了吗？”

“天父啊，我得到原谅了吗？”修女问道。

“我听到这个词好多次了，”上帝说，“那是什么意思？”

“原谅——被爱——还清债务——罪孽得到了宽恕——道歉被接受——有个好名声。”修女说。

除了“爱”之外，上帝一点也听不明白，他说：“你就是爱，爱就是我所认识的你，除此之外，一切都是虚假的。”

“我配得上吗？”信徒问道。

“‘配得上’这个词是什么意思？”上帝问道。

“配得上——好——有价值——值得——比较幸运——您对我的印象好。”信徒解释说。

上帝又觉得很疑惑，但他还是说：“我值得你就值得；我不值得你也不值得。”

“我能得到救赎吗？”牧师问道。

“哎呀，”上帝叹道，“又有一个我不明白的词了。”

“得到救赎——安全——受到保护——失物招领部

门——被保卫。”牧师叫道。

上帝回答说：“不要担心，不要害怕。实际上，你已经得到了救赎，因为你从没有迷失过——我承认你现在很疑惑——但是你从未迷失过！”

虽然这些可怕的、罪孽深重的，而且不明智的教条主义想法污染了这世界上的精神传统，但是，在这些想法的背后，都有一颗心，那是一片从未被污染过的丰饶乐土，那里充满了喜悦，幸福，快乐和欢笑，快乐的基督徒、弥勒佛、奎师那神和歌唱天使的故事就是这片乐土的代表。所以，我们自己的恐惧、罪孽和痛苦之下，也有一颗心，它也是从未被污染过的丰饶乐土，它一直都活跃着。这就是我要讲的宇宙笑话的关键所在。

简单点说，相比宇宙间那么多具有讽刺意义的事情，这个宇宙笑话不过是一点皮毛。所有伟大的灵魂导师、包括佛祖，耶稣和奎师那神，都和你我一样，起初都追求过快乐、爱和上帝。当他们看到真相的时候，他们都笑了。那是喜悦的笑，解脱后的笑，因为他们的寻找终于结束了。现在他们明白，他们满世界寻找的东西一直都在他们心里。也就是说，

你苦苦寻找的正是你自己。

有人问禅学大师柏昌，如何看待寻找佛的快乐，他回答说：“这就像骑在牛背上找牛一样。”公元前4世纪，中国哲学家孟子说：“道在迩而求诸远。”非洲古代的一则寓言也说：“何必去教水中的

动物如何喝水？"18世纪法国作家伏尔泰也说过："我所在的地方就是天堂——我是不受束缚的，全部的自我。"另外，美国幽默大师贾诩·比林斯说："如果你的快乐是通过寻找得来的，那你找到它的情景就和丢了眼镜的老妇人差不多，最后发现眼镜就安安稳稳地架在自己鼻梁上。"

如果你无意中听到伟大的太阳祈求光明，海洋祈求水分，风祈求清新空气吹来，那会是多么可笑的场面。如果可以，请你想象一下黑暗的太阳，干涸的海洋，没有空气的风，或者宇宙的空间不够，永恒还要赶时间，无限又被重重围住。还有，你和我，天生就是快乐的，却向上帝乞求更多爱和快乐，还有比这更可笑的事情吗？

你要找的正是你自己。这个宇宙笑话就是要鼓励你抛弃恐惧，负罪感，束缚和疑惑，接受不受束缚的自我。你并不只是一具肉体，不是一颗充满恐惧的心，你不是支离破碎的，不是渺小的——你是爱，是快乐的具体形式，内心的平静永远和你同在。真正的自我接受就是明白

灵魂是快乐的！

我们最怕的就是，认为自己在本质上是错的，恶的，不够好，恶的具体形式。这个宇宙笑话能让我们一笑了之，得到解脱，因为错误和疑惑不过是场噩梦，不是事实。弥勒佛笑是因为他可以笑，他知道自己很安全，而且我们都很安全。想要理解这个宇宙笑话，你就必须准备好改变自己的想法。

根据这个宇宙笑话，关于你自己的另一个真相就是，

你在百分之百的时间里是快乐的，唯一的问题就是，
你并非总能意识到这一点。

的确！虽然听起来很惊人，但在百分之百的时间里快乐确实是一直和你同在。你并不一直觉得快乐，是因为恐惧，疑惑，罪孽，错觉和自我错位的阴云遮蔽了灵魂的阳光。实际上，你也可以笑，因为不管发生什么事，你的灵魂都居住在不受束缚的自我的家园之中，安然无恙。快乐离不开它的源头！

所以，当你遇到麻烦的时候，不要这样祈祷："上帝，请赐给我快乐吧！""上帝，请赐给我爱吧！""上帝，请赐给我平静吧！"你可以看到，这样祈祷的人都事先假定并且一再断定，他们并未拥有自己想要的东西。应该这样祈祷："上帝，请告诉我，如何再次感受到内心的平静吧。"记住，

真正的祷文不是宇宙间的快递服务；
而是接受你已经拥有的东西。

宇宙笑话鼓励你放声大笑，嘲笑你曾有过的不足和负罪的错觉，以及救赎过程中那些虚假的束缚和障碍。这就是《提问时间》这首诗的主旨所在。你内心的恐惧如果没有治愈，便会一直影射到你寻找的东西上去，即上帝，爱和快乐。抛开了恐惧，所有的阴影都消失了，剩下的只是喜悦。

《奇迹课程》中，我最喜欢的一句话就是，"上帝从来都不会原

谅谁,因为他从来不会怪罪谁。"这是个很明智的观点。上帝是不受束缚的,所以爱和快乐也是不受束缚的。因此,必须为恐惧和快乐付出努力,痛苦和牺牲的想法是很可笑的。神圣的欢笑可以戳穿一切错觉。

展现快乐的"喜悦"

里奥修士问亚西西的圣方济:"彻底的喜悦是什么样子的?"圣方济用下面这个故事回答了他:

想象一下,在一个漆黑的夜晚,天寒地冻,大雪掩埋了一切,冰割破了我的腿,流出了血。我就是在这样的晚上回到了佩鲁贾。我身上落满了雪片,冷得发抖,终于来到了修道院的门口。我在门前叫了好久,守门的修士才起身问道:"谁呀?"

我回答:"是我,圣方济修士。"

守门修士说:"你走吧,你来得不是时候。我不会帮你开门的。"

我坚持要他开门,他回答说:"你快走吧。你真是个蠢货,白痴。我们这儿已经有很多人了,不需要你。"

我又说:"看在上帝仁爱的分上,你就让我进去吧,就今天一晚上。"

他回答说:"想都别想。你去旁边的麻风病人聚集地吧。"

你看,里奥修士,如果遇上了这样的事我还是没有失去耐心，仍然能保持冷静，那么，请相信我，这就是彻底的喜悦！

圣方济想告诉里奥修士的是，真正的快乐是不受束缚的，因为它根本不会受到外界的影响。从根本上说，喜悦并不属于外部世界，很明显，它跟尘世的欢愉和满足有很大不同（见表 C）。本质上，欢愉和满足是受到束缚的自我的心理状态；而喜悦是不受束缚的——自我根本就不存在。

欢娱： 肉体的快乐
满足： 尘世的快乐
喜悦： 灵魂的快乐

表 C

欢愉是肉体的快乐。它可能刺激，温暖，湿润，模糊，有趣，有形，和性有关，振奋人心，宁静，或者令人激动。欢愉是感官上的体验，是短暂的，来得快去得也快。欢愉不能独立存在——总是需要外部刺激才会产生，比如声音，气味或者碰触。欢愉也不是普遍的，就是说，同样的刺激在不同的人身上激起的欢愉也不同。比如说，我喜欢仰望星空，你可能就不喜欢；我喜欢听班尼路的音乐，你可能就不喜欢；我喜欢吃辣的东西，你可能就不喜欢；我喜欢农田的味道，你可能就不喜欢；我喜欢丝织品的手感，你可能就不喜欢。

满足是尘世的快乐。它是生活中的满意度。满足说的是你心里对周围世界的“内容”的判断，通常是好的判断。比如说，“我很快乐，因为我的房子不漏水了”或者“我很快乐，因为我身材恰到好处”，再或者“我很快乐，因为我的汽车状态良好”。

满足总是需要一个理由。你快乐，是因为你判断“那个不错”，“这个还可以”还有“这个没错”。你快乐是因为这个世界按照你的构思行事。这样的满足感是脆弱的，因为它取决于世界看起来如何。所以你的满足感时刻都受着威胁，因为这个世界每时每刻都在变化！诚然，外部环境可以帮助你快乐，但是，如果你认为只有在特定的环境下你才能快乐，那么你就错了。

喜悦是灵魂的快乐。它才是“真正的快乐”，因为喜悦总是真实的。不管你在哪里，这份喜悦总是跟随着你。肉体的欢愉和尘世的快乐都有生有灭，但喜悦是永恒的——它就是现在的快乐。喜悦是内在的，深藏于内心，是你灵魂的一部分，有了喜悦，灵魂才变得优雅高贵。所以，喜悦长在。

喜悦是天然的。它完全不受束缚，不用判断。它是自由的。不管你到哪里，它都存在着。它不是空虚的，而是充实的。它充满了爱。它有意识。你可以把自己和喜悦联系在一起。你可以向喜悦寻求指点。你可以让它启发你解决问题。你可以向它歌唱，向它祈祷，与它共舞。你可以带着喜悦去思考。你可以与喜悦共同作画，书写，用它去治愈你的创伤。你可以让它保佑你的人际关系，你的生活，你的事业，你的一切。让喜悦随便吧！

没来由地快乐!

突然之间,我的心思飞到了别处;
我脑子乱了;
忘记了记忆;
我不能作决定了。

没来由地,我觉得内心
快乐,爱,狂喜,
没有任何理由。
我微笑,我大笑,我爱,我慷慨,
没有任何理由。
我歌唱,我起舞,我大叫着“你好”。
我很快乐——没来由地快乐。

我那么轻率——
没有任何恐惧,
自由得快要飞起来;
没有判断,计划,不需要知道什么,
我自由自在。
不用去想“如果”、“谨慎”和“怎么办”,
我自由自在地生活。
我不是我自己。

不管如何尝试，
我都不能思考。
我仍然没有恢复理智。
理智失去了力量。
现在，我生活在一个纯净的世界里，
我对今天，
没有丝毫后悔，
这一天，
我完全失去了控制。

你一生中有没有无缘无故快乐的时候？就是突然之间你心中便充满了喜悦，这喜悦之情不知是从哪里冒出来的。你满脸笑容，心几乎要跳出胸膛，身体里好像有钟声回荡。你会大叫："我很快乐！"你也会想："这是为什么呢？"所以，你下定决心："必须知道原因。"而就在这时，喜悦之情消失了。

小孩子总是无缘无故地快乐——这就是他们的一大魅力。你经常可以看到小孩为了开怀大笑而开怀大笑，为了微笑而微笑，快乐地做着快乐的事情。这样的场景让我忧喜参半，因为，当一个孩子无缘无故开怀大笑的时候，我们觉得那是件奇妙的事情，但是，如果一个大人无缘无故笑起来，我们马上就会担心这个人的健康状况。问题是，

谁说快乐一定要有理由呢？

上面这首诗的名字叫做《不假思索》,它道出了我亲身经历过的“喜悦”,或者叫“没来由的快乐”。喜悦就是没来由的快乐,因为它本来就不需要理由，不需要刺激，也无须特殊的条件和特别的努力,更不需要付首付。喜悦超越了时空,超越了我们所能看到的生命,但是,它仍然是鲜活的,就在眼前,现在就能实现。但是,只有当我们承认了快乐是自由的之后,我们才能感受到喜悦。

在学心理学的时候,我听到过一个笑话——如果一个心理学家看到两扇门,一扇门上写着“天堂”,一扇门上写着“天堂讲座”,那心理学家一定会推开那扇通往讲座的门。你会选择哪扇门呢?也许

你最大的错误就是,你以为只有理解了快乐之后,你才能快乐。

如果你根本不理解没有条件的快乐,那你能接受它吗?如果你能,那么快乐就属于你,不需要任何条件。快乐不是靠你抓住的,因为它没有束缚。实际上,欢笑不需要理由,微笑不需要理由,爱不需要理由,仁慈不需要理由。免费的礼物是有的——它们是生命的珍宝。这些你能接受吗?

自发走近

灵魂的门总应微微开启,
迎接让我们欣喜若狂的经历。

——艾米莉·狄金森

汤姆·卡彭特和琳达·卡彭特是我的朋友，他们与其他人一样，教给了我关于快乐的知识。他们是《奇迹课程》的教师，尽职尽责。他们周游世界，默默地与别人分享爱、真理和喜悦的讯息。不旅行的时候，他们住在夏威夷可爱岛的一个农场上，那里十分偏僻，但却开满了热带的花朵。

汤姆，琳达，米兰达和我会聚在一起，接连好几个小时探讨真理、上帝和宇宙。这是我们的乐趣。记得有一次，我问汤姆："快乐是什么？"汤姆的回答深深打动了我，后来便成了我制作"快乐计划"时的工作准则。他说，

"快乐就是自发地走近你的灵魂。"

自发走近！这个词多美啊。当他说出这几个词的时候，我想起了一个很有名的故事，讲的是一位禅学大师和一位知名大学教授的一次会面。教授是教历史和哲学的，他去日本的时候，便想见一见那位禅学大师。禅学大师答应了。

"我是来向你求教的，我想知道什么是真理。"教授说。

"喝茶吗？"大师笑得很灿烂。

"谢谢，"教授说，"我时间很紧，但我想抓紧一切时间学习。"

大师开始倒茶。

"您看，"教授说，"我用了一生的精力去追求真理。"

大师还在倒茶。

"茶够了，谢谢您。"

大师继续倒茶。

“大师，茶都溢出来了——杯子里装不下了。”

大师笑了。他一边接着倒茶一边说：“亲爱的教授，您就像这个茶杯，装满了自己的信仰和理论。如果您不把杯中的东西清空，我又怎能将禅学装进去呢？”

你可以把教授当做是自我的象征，受到束缚的自我，它用计划、理论、信仰和理念将快乐框死。禅学大师则是不受束缚的自我，完全不作任何假定，没有任何计划。大师不去寻找快乐，也不试图理解快乐，他本来就很快乐。他快乐是因为他自发走近不受束缚的自我的喜悦。自发走近就是完全接受。

快乐不是智力测验。你不需要事先理解了快乐才能享受快乐。实际上，最初你是无法理解快乐的。恰恰相反，一开始你便应该选择快乐，只有这样你才有可能理解快乐。换言之，你没法设计出获取快乐的方法。快乐不是思维的公式。快乐只是抛开思维、理论和命题之后的产物。

想要快乐，就要抛开关于快乐的一切概念。

如果现在你不快乐，这点尤其重要，因为现在令你不快的思想在以后也不可能令你快乐。所以，你要主动换一种新的眼光，新的智慧和新的灵感。关键就是，新！现在是全新的。它不是过去。你的脑海里满是“旧茶”，所以，你先要把茶倒掉，也就是说，要抛开陈旧的恐惧思想的局限。

古时候的神秘主义者不断让学生抛开关于上帝、爱、天堂和喜悦的一切概念。他们解释说，你的思想处于最佳状态的时候，就像在用手指着月亮，但是，它本身不是月亮。不要再指了！不要再创立理论了！心甘情愿地走近灵魂的喜悦吧。默念“我走近了”，确认“我走近了”，吟唱“我走近了”。侧耳倾听，敞开心扉，内心空明。然后，向着喜悦一跃而起！

有人认为，对于知识分子来说，仅仅选择快乐还是不够的。这是个愚蠢的想法。虽然有时愚蠢的想法才是最好的。我为了写《欢笑是最好的药方》而做调查的时候，发现“愚蠢”(silly)这个词来源于欧洲两个古老的词语，“seely”和“saelig”，这两个词都是“幸福”、“快乐”和“喜悦”的意思。说一个人“silly”，就是说这个人有创造力，开明，无所畏惧，而且，最重要的是，不受束缚。

我请汤姆深入谈谈“自发走近”的想法时，他提醒我回忆《奇迹课程》里的一句话：“思维一旦痊愈，便不作任何计划。”他接着说，

“你为快乐制订的计划都不会起作用。”

汤姆的“自发走近”的思想深深打动了我，因为我是个“正在康复的策划者”。从我记事起，我就开始规划我的生活。特别是二十多岁的时候，我一丝不苟地执行着自己的五年计划，三年计划，一年计划，一个月计划，一周计划，还有每天的计划。我的整个生活都经过了规划。我目标很明确，但我也很古板，不知变通，不自由，所有的事都是事先安排好的。你有没有听说过这句话：“你正在制订其他计划的时候，总有突发事件来扰乱你，这就是生活。”

汤姆所说的“你为快乐制订的计划都不会起作用”，是指快乐不需要计划。如果你觉得快乐需要计划，那么你的思维便僵化了。快乐无须规划，它已经在这里了。有时，我们忙于为将来的快乐制订计划，却白白放弃了眼前的快乐。你能不能抛开你那些计划，接受现在的平静，爱和喜悦呢？你能不能越过束缚，接受不受束缚的快乐呢？你能不能自发走近快乐呢？

生命只有一次……

你的整个人生不在前方——
它就在这里——就在现在！

我研究压力这许多年，得出一个结论，造成压力的最主要原因就是，我们在等待快乐降临。我们觉得，快乐属于现在；而将快乐看做是对我们的付出、挣扎和痛苦的回报，并且希望有一天，快乐会降临。也许，要你循规蹈矩你觉得艰难，要你举止高贵你觉得痛苦，要你温文尔雅你觉得这是种牺牲，要你安安静静你觉得这是种绝望，但是，按照上面那种错误的理念，今天你就必须忍受这一切。只有这样，我们才有可能在明天获得快乐了。但是，我认为，

想要快乐，你就必须解决“等待问题”！

只要你还在等待，将来情况就不会好转。实际上，你停止了等待，情况就开始好转了。我记得十几岁和二十出头的时候，我总想

象，十八个月之后，生活会变得更好，我将不再那么害羞，我会更加自信，更加成功，可能还更加出名。我坚信，以后会有奇妙的、特别的事情发生在我身上。

我的这些感觉都没有什么具体的依据，我只是希望，过了十八个月，生活能够把我生活中的问题都清理掉，那时我就快乐多了。但事实上，那十八个月好像总是离我很远——不管时间如何流逝，十八个月好像总是拦在前面。最后，我在痛苦中明白，想要快乐，我必须更加全面地融入生活——融入现在。也就是说，

想要快乐，就必须放弃“以后”，聚焦“现在”。

有个很好的实践方式。请拿出两张纸，在其中一张的顶端写上“到……的时候，我就会快乐了”，另一张的顶端写上“如果……我就快乐了”。然后把空缺填上。你觉得你什么时候才能快乐呢？你等待着的到底是什么时候呢？什么事才能促使你选择快乐呢？想到多少你就写多少，看看究竟要满足多少条件你才能微笑。

“你的生命只有一次……”有双重含义。一方面是说，生命中的每个时刻都只会出现一次，所以，你要知道今天是什么日子，因为过了今天，这个日子就不复存在了。今天过去了就永远都不会回来了。如果你记住了这一点，那么今天你会选择怎样的生活呢？今天不是一次试练——游戏已经开始了。

“你的生命只有一次……”也是指“等待问题”，指为快乐做好准备，而不是去享受快乐。换言之，你真正开始生活只有一次，工作结束了，周六晚上到了，假期开始了，你有了点钱，你坠入了爱河，你

结婚了，你买了房子，你买了另一所房子，你的贷款终于还清了，你的养老金可以领取了，等等。但即使在那时，你也不快乐，因为你的孙子孙女还没受到良好的教育呢！

你不愿完全融入到这个世界中去，你到底在等什么呢？也许你在等更多的支持？更多的自信？更多的权力？更多的机会？更好的条件？你是否能看到：

你等待的同时，快乐也在等待。
你等待的同时，爱也在等待。
你等待的同时，平静也在等待。
你等待的同时，自由也在等待。
你等待的同时，机会也在等待。
你等待的同时，世界也在等待。
你等待的同时，我们都在等待。

"等等再看吧"其实只不过是一种恐惧心理。"如果我不再等了，直接去追求，那要是失败了怎么办？"但是，如果你在等待，那么你就注定失败了。如果你能全身心投入，那么你将会得到你所等待的一切——所有的支持，自信，权力，机会。只要你愿意，就能得到。

当你全身心投入的时候，快乐就会降临。

为什么要等待已经在眼前的东西呢？

最近，我为客户做了有史以来最深入的一次心理治疗。这位客户叫保罗，四十多岁，又高又瘦，他有一张温和的脸，眼睛深陷下去。他参与了我的“八周快乐计划”，其间，他告诉大家，他原本酗酒，现在正在恢复。在一对一的环节中，保罗告诉我，他用尽了一切办法去争取快乐，但什么办法都不起作用。他告诉我，每次，他似乎离快乐近了一步，但是，快乐又向远离他的方向迈了一步。快乐总是在地平线上，而地平线又总是远在天边。

“我放弃了对快乐的追求，现在，我只是等待快乐。”保罗说。那时，我也不知道为什么，我让保罗闭上眼睛，勾勒一下他所说的快乐。“你看到了什么？”我问。“我看到远处有一小束光。”保罗回答说。“多小的一束，在多远的地方？”我问。“非常小，就像是隧道尽头的一缕微光。”不知为什么，我又让保罗想象这束光正向他射来，刚开始的时候是很慢的。“你能想象吗？”我问。“能。”他回答。

保罗想象着光束向他射过来，我看到他的身体在颤抖。“保罗，吸口气——慢慢地做一次深呼吸。让光照得更近一点。”保罗照我说的做了，泪水顺着他的脸颊无声地流了下来。“光离你还有多远？”我问。“我不知道——大概十英尺吧。”保罗想睁开眼睛。“别睁眼，保罗，让光芒靠近你，稳住呼吸。”我轻声说。

保罗让脑海中的光芒一点一点地靠近自己，每靠近一点，他的身体就颤抖得更厉害，他的眼泪滴落在地上。最后，光明终于来到了保罗面前，照亮了他整个的心胸。出于直觉，我让保罗将内心的光明收回。保罗照做的时候不停地啜泣——他的眼泪就像是从内心深处流出来的。我承认，那个时候，我也流泪了。最后，我们相互拥抱。

假设我们的共同经历是一种时间里的旅行。让光芒靠近的同时，我们也把未来向自己拉近。我们把“以后”换成了“现在”，“那里”换成了“这里”，“外部”换成了“内部”。保罗身体的颤抖说明了他对这一切心存抵触。他和我流泪，是因为我们否认内心快乐，是因为我们多年来在没有快乐的地方寻找快乐。这一次，虽然哪里都没去，但保罗的旅行已经完成了。

那一刻，保罗无条件地接受了快乐，结束了等待。一周后，他仍“在月球上”。但是两周之后，保罗发现自己又开始指着月球了。以前的疑惑、恐惧和束缚都回来了。没等保罗狠狠责备自己，我们就又开始了“光明之旅”。写作的时候，我们仍然一起沉思，这样我们就可以不断提醒自己，真正的快乐，就在此时此地。

第六章　摆脱痛苦

生活其实对你的健康没什么好处，起码有时你是这样认为的。当我们“心情舒畅”时，生活真是美好，万事万物都妙不可言。我们承认生活是一种福气，处处充满了美、崇敬和奇迹。我们珍惜生活，并不惜一切努力来“创造生活”。然而，有时我们却无论如何也不想在任何人面前提及生活的话题。生活简直是死水一潭。

似乎你有时可以毫不费力地翩翩起舞，优雅美丽；而下一刻你却希望某处有个人可以体贴地告诉你，你的鞋带松开了。你了解欢笑，却也懂得泪水。你热爱生活，却也有黯然哭泣的时候。你可以很热情，也可以很冷漠。有时你顺风顺水，有时却举步维艰。唉，欢乐的回味何其少，唉，忧思的滋味何其多！

生活如同考试，有时容易有时困难；有时答案显而易见，有时却埋伏很深；有时考试只是多项选择，有时却是让你立刻上交的两千字作文！有时你可以轻松过关，有时却不得不重新来过。有时生活真是太难以应付了。当这些考试堆积在一起时，你也许会担忧你并不具备通过考试所必需的水平。

我的朋友和同事艾莉森·澳特维尔之前曾经传真给我一段斯图尔特·威尔德的文字，他是《为思想减肥》的作者。艾莉森在传真上面写道：“这不是生活还能是什么？”我在后来的一次会议上见到了斯图尔特并且问他我是否可以引用他的话，他很高兴地应允了。那段话是这样的：

> 我们不得不在世俗的躯体中拥抱精神的永恒。
> 我们不得不相信那个看不见的上帝。
> 我们不得不在弥漫仇恨的地域学会热爱。
> 我们不得不在人们反复谈论短缺和匮乏时看到充裕。
> 我们不得不在控制处处可见的国度发现自由。
> 我们不得不在别人批判蔑视我们的时候开发自己的价值。
> 我们不得不从丑陋中找寻美丽。
> 我们不得不在周遭充斥着不确定时拥抱善意和积极的态度。

这段文字极好地总结了我们在生活中所要遇到的挑战。它分析了在我们人生旅途中将会出现并且纠结在一起的神秘、变数、矛盾和两难境地。世界如同一个蛹，而我们就是那只蝴蝶，从某个方面来说，是我们自己选择摆脱束缚，重获自由，最终充满喜悦地热爱一切。无论发生什么事情，我们都不能停止去爱。

倒霉的事会发生！

> 有时我们惊恐不安，
> 有时我们陷入迷途。

不开心会使人感到恐慌，尤其是因为那种感觉过于漫长。开心时我们会随时担心这种欢愉将转瞬即逝，而不开心时我们却立刻“坚信”这种感觉将永远挥之不去，这是多么大的讽刺啊！当我们满心沮丧时我们很少会认定“这种感觉在午饭前就可以摆脱！”相反，我们的预测能力全线崩溃，我们的思想也被冻结，我们所有的注意力都集中在那点伤痛上。因此，不开心的感觉会如此确定并且持久，然而在现实中，

虽然痛苦似乎永无止境，而它却往往转瞬即逝。

痛苦有一种办法来瓦解我们的时间和空间。所以，当我们不开心时，我们不仅觉得这件事会“一直”并且“永远”存在，而且还认为我们生活中的“每一件事”都“出了错”，不仅“不够好”而且“糟透了”，甚至“一文不值”。我们推而广之，我们将事情“糟糕化”，我们经历了一种曾被我的一个顾客称之为“情绪僵化”的症状，即我们坚定了自己那些会引起更多麻烦的态度。因此，忧愁使人失去了预测的能力，并且使人的头脑中充满了绝望、无助和更多的恐惧。

不开心时，我们就会变得笼统而不明确。我的一个顾客曾很幽默地举例解释了这一点。玛丽说：“我非常不开心！”我问她为什么，她将双手紧紧地交叉在胸前，说：“我只是很害怕。”“那你害怕什么？”我问她。“所有事。”她回答道。我问：“你能不能明确一些呢？”玛丽笑了，然后大声说：“我现在就很明确呀！”

痛苦如此让人恐惧的主要原因就是

痛苦就是害怕！

让你痛苦的事情，包括事件本身，涉及人物、起因和具体情况可能和我的情形都不尽相同。但我们不开心的源泉是一样的。任何一种痛苦都是害怕的表现。因此，害怕和痛苦是密不可分地联系在一起的，它们就是一回事。害怕和悲伤，害怕和焦虑，害怕和沮丧以及害怕与失败的痛苦也都是一回事。

痛苦由害怕而生，同时又衍生出新的恐惧。当我们赋予痛苦力量，我们就不自觉地与害怕为伍，并且变得害怕任何事情。害怕就是恐惧任何事情，因为在每件事中害怕都只能看到它自己。想想看，什么是害怕所不惧怕的？更糟糕的是害怕对于任何事情的“解决方案”都是更多的恐惧、更多的惊慌、更多的疑虑和抵抗。

害怕是可怕的，它同人的思想开着玩笑。我曾经在某处看到这样一种解释：

F.E.A.R.（害怕）其实指的是

False（虚假的）Evidence（证据）Appear（好像）Real（真的）。

我也看到过将 F.E.A.R.（害怕）解读为代表 Forgetting Everything is All Right（忘记了一切都正常）。另一种解读是 F＊＊k Everything And Run!（全都去他的，溜之大吉！）不论联系到哪一种解释，害怕都使人恐惧。

虽然你已经成功地熬过了以前的每一次恐惧、失败、悲伤和失望，但你头脑中的一部分思维对你说：“这一次可是跟以前的不一样。”欢迎你看到你的自我！你的自我现在充满了恐惧和疑虑，已经对你原本拥有的无限勇气、力量和爱视而不见了。因此，它相信你的痛苦已病入膏肓。没错,对于你的自我来说,你不仅仅会死去,而且会孤寂地死去。

最使人恐惧的是痛苦所带来的孤独。不快乐时,我们觉得自己是如此的孤独，被隔离和排除在任何事情尤其是我们惊慌的躯体之外。忧伤和害怕时,快乐似乎已经是上辈子的事,离我们十万八千里远。我们变得渺小、虚弱、不堪一击。而那个自我却乘胜追击,用诸如“没人会帮忙”、“什么都不管用”、“没什么办法”、“没希望了”之类的话将我们的恐惧无限扩大。

我们的恐惧、疑虑和孤独试图将我们带进更大的痛苦之中。那个自我也是同谋，它常在我们最私密的时刻让我们觉得自己来到这个星球上就是要承受一种特殊的痛苦,这种痛苦如此个别、可怕而且独属于我们自己,肯定再没有谁会像我们这样苦不堪言。

而事实上,你可以到任何一个大陆、任何一种文化、任何一个国家、任何一个城市、任何一条街道,对任何一个路人说:“听到你的困难我很难过。”他们都极有可能回答说:“天哪！谁告诉你的？”不开心并没有那么特殊，它也不会使你变得独一无二，也许只是孤独,但绝不是独一无二。我们都知道痛苦是什么,我们都曾“饱受其苦”,而我们也都准备好了对症下药。难道不是吗？

让自己休息一下

快乐并不仅仅是没有悲伤；
它同样也是一种去爱并且治愈悲伤的能力。

乔安娜对我说的第一句话是："在这里我觉得自己无比愚蠢。"她接着说，"这是我彻头彻尾的失败。我本应好好享受自己的生活，我本应开开心心，无忧无虑。上帝呀，我现在只有二十一岁，才二十一岁就这么沮丧，我几乎还没有开始我的生活，却已经心灰意懒了。"当时我们还没有自我介绍，乔安娜就迫不及待地继续说道，"我希望我可以整理好自己，可我却找不到任何这样做的办法。"

乔安娜接受了针对沮丧的治疗，但几个疗程的抗抑郁药物丝毫不起作用。她阳光聪慧，明白事理却过度挑剔。对于乔安娜来说，钢琴七级应该变成八级；良好应该是优秀；而"我要真的再努一把力"，打高尔夫的差点就不是八而应该降到四；她有着与生俱来的时装设计方面的天赋，但她却因为觉得"自己无计可施"而放弃了；她在教堂里独唱并在电视上表演过，但她却说"说真的，我唱得太糟了"。于是事情就这样继续着。

我并没有治疗乔安娜的抑郁，因为那并不是她的问题。她的症结在于一种持续而认真的自我批判，这种自我批判来源于担心自己会"糟糕"、"错误"、"一文不名"或是"不够好"。显然任何成就对乔安娜来说都不合要求，因为在她内心深处她感到愧疚，觉得自己不够好。

我和乔安娜谈到的第一个问题并不是关于她的自我批判或她

的成就，而是关于她对自己情感的批判。她对自己过于苛刻以至于她不允许自己有任何的情感。我对乔安娜解释了一种适用于任何人的治疗原则，那就是：

要治愈不快乐，
你就必须使自己可以安全地感受自己的感情。

乔安娜保留了她对自己情感最严厉的批判。在她的头脑中，每一种情感都是完全无用的，不是“错误糟糕的”、“愚蠢疯狂的”就是“无用愚笨的”或“一钱不值的”。我已经数不清楚乔安娜这样说了多少次，她反复说着“我应该做得更好”和“我本不应这样觉得，可是……” 乔安娜无休止地对她的情感作出判断其实是她企图抑制自己的伤痛。可惜啊！她发现这些判断不仅没有抑制住伤痛，反而在伤口上撒了把盐。

我通常通过分析病人对于痛苦的反应开始治疗，而不是针对他们的痛苦本身。因为我发现正是对于痛苦的反应引起了他们那么多的痛苦。换句话来说：

痛苦是令人难过的，
而对痛苦的反应却更苦不堪言。

我们可以如此的残忍挑剔，如此害怕我们的情感，尤其是那些不开心的情感，例如悲痛、愤怒、伤心和绝望。每次我们因为自己觉得痛苦而批判指责自己时，我们无疑是在火上浇油。每当我们自我攻击时，疼痛的火苗就蹿了上来并且变得更加真切。我们诅咒的越多，我们感受到的痛苦也就越多。渐渐地，痛苦的感觉远远超过了快乐。

治愈你痛苦的第一步是至关重要的，那就是要坚信：

痛苦不是真实的。

当我说痛苦不是真实的时，我是指痛苦并不是真实的你。事实上不论你多么认同你的伤痛，你本身并不是你的病症，你也不是你的情感。这是一个谎言。例如，你说“我是一个厌食的人”，这时你也许正患有厌食症，但这不意味着厌食症就是你本身。真实的你是没有条件限制的，你是无条件的。因此，你并不是自己的厌食症、你的嗜酒成性，也不是你的癌症或其他任何病症。因为这些病症只是人生的经历而并非你的特性。

同样地，当乔安娜说“我是绝望的”时她也在说谎。没错，你可能是在经历绝望，但你却不是绝望本身；你也许会经历愤怒，而你并不是愤怒本身；你也许会经历悲痛，但你并不是悲痛本身；你也许会经历恐惧，而你也不是恐惧本身。同样地，不论你如何认同自己的这些感觉，它们并不能真正地代表你这个人。情感只是经历，并不是你自己。

几个世纪以来佛教的信徒都教导其追随者，要说“我感到了生气”而不说“我是生气的”，说“我感到了悲伤”而不说“我是悲伤的”，说“我感到了痛苦”而不说“我是痛苦的”。这种给自己的情感命名的方法使你不至于将自己的特征和情感混为一谈。它也非常有益于保持正确观点、集中注意力、迎合自己的情感、拥有平和的心态以及治愈你的不开心。不妨一试。

痛苦和恐惧有一种扭曲事实的本事,它们使那些虚假的表象看起来像真的一样。道教的圣典《道德经》中解释道:当你痛苦而害怕的时候,

明道若昧,
进道若退,
夷道若纇,
上德若谷,
大白若辱,
广德若不足……

痛苦是一种自我欺骗,它并非真实的情况。它与你快乐、充满爱意、不受束缚的自我毫不相关。它只与你的自我有关,与你头脑中那认定自己渺小、孤独、被排斥、任何事都值得害怕的念头有关。这个源于害怕的自我看不到任何精神、幸福和希望。

痛苦和恐惧感觉起来那么真实,但它们并不是真的。它们像是遮掩了你的精神的快乐,但却永远无法毁灭你的精神。你的精神将继续自由、欢喜而且百分之百快乐地存在。只有当你偏离了你真正的自我,“丢失了精神”时,你才会觉得不快乐。真正的治疗方法很简单,那就是回归到你的精神当中,回归爱、真理和快乐。因为事实上:

痛苦不断深入,快乐也更加深入。

不论你现在正在承受着怎样的痛苦,你最好明白,你那不受束缚的自我依然安然无恙,一切事情都很正常。为了认识到这一点,你首先需要准备好给自己一个休息的机会,使自己可以摆脱那没完没了的自我批判,使自己不再与悲痛为伍。你并不是你的痛苦。

诚实是最快的方法

一天,一个男人前往一位因其基本治疗方法而出名的医生处看病。医生问他:“你怎么了?”病人说:“我非常沮丧。”经过简单的问诊,医生说:“我不打算给你什么药来治疗你的沮丧。这周末有个马戏团到镇上来,我希望你去看那个著名的小丑——格雷姆蒂的表演。”病人低下头,说:“亲爱的医生,我就是格雷姆蒂。”

关于人们主观幸福指数的心理学调查显示,人们毫无疑问地都会在公开场合夸大自己的幸福感。我们通常在低落的时候也装出一副快乐的模样,这是因为我们认为痛苦是羞耻的。我们往往热衷于保持我们的表情,使其看上去勇敢,我们紧闭嘴唇,戴上面具也不忘挂上微笑。因为,如我们一样,社会也不能很好地容忍不快乐。正如诗歌中写道:“欢笑时世界与你同欢笑;哭泣时只有你独自哭泣。”

我们经常在和朋友打招呼时问:“你好吗?”他们回答说:“还不错。”其实他们等于什么也没说。他们不开心也不悲伤,不好也不坏。当我问我的病人“你好吗”时,答案往往如出一辙:“不错!”甚至还有人说:“很好啊!谢谢!”很显然,他们并不是不开心,但他们却仍然预约看病。同样地,医生向病人问好时也会说:“你好吗?”病人们都回答:“很好啊!”医生不禁疑问:“那你们为什么来这儿?”

人们很少会在公共场合承认自己悲伤、失望、紧张、生气、嫉妒或是不开心,因为这样实在是太丢脸了。为了避免受批评或感到罪恶,我们从很小就已经学会了隐藏并且不忠于我们的情感。通常表示“你应该感到羞愧”的话有这些:

- “大孩子才不哭鼻子呢!”
- “别摆这种脸色。”
- “我要生气了。”
- “你敢……”
- “不要做只会哭的孩子。”
- “不要小题大做!”
- “一会儿你就没事了。”
- “调整一下情绪。”
- “你以为你是老几?”
- “控制住自己。”
- “别哭了。”
- “别笑了。”
- “睡觉前你就等着哭吧。”

我们学会了守口如瓶,我们隐藏了自己的感觉,压制了自己的激情。压制、否认、理智和其他方法最初还管些用，但它们很快便失效了。因为那种相安无事的感觉只是逃避。我们独自哭泣，没人知道。最终当镇压和羞耻带来的痛苦再也忍无可忍最终尖声惊叫时，我们才扔掉自己的骄傲，化名为沮丧的无名氏参加一些自助团队，可是羞耻感和秘密状态仍然存在。

让自己的情感不为别人所知并不能帮助治疗你的痛苦，相反，它会使其恶化。事实上我想说：

90%的痛苦源于想要让这种痛苦成为秘密。

你不可能保守住一个秘密之后当做什么也没发生过。如果你对自己的痛苦不诚实，那么你将一直处于痛苦之中。自我欺骗可能让你在白天好过些，但在夜晚你又会沉浸在痛苦之中。治疗是一种真实的过程，而你不可能通过欺骗达到这种真实。欺骗说好听些也不过是一种控制方法，它不是药，它不可能让你平安无事。

想要治好病，你必须做好准备接受这个现实：你感觉不好或身体不适都不是你的错。你必须打消通过你的痛苦和病症来判定和证明你有罪并且“不够好”。你的病并不是真实的你。它不是你，而只是一种经历罢了。

我不得不一次又一次地提醒我的病人，不幸并不是什么死刑。我告诉他们：

痛苦不是一种罪。

因为只要你继续因为自己不开心或身体不适而批判自己，你就会继续觉得愧疚。在批判和愧疚之后，你会受到惩罚（见图 3）。在这时你最需要爱和关心，而你却在自我虐待和自我忽视。你通过拒绝爱和善待自己而自我惩罚。你赎回自己的罪过，弥补自己的懦弱并且得到“你应有的惩罚”。

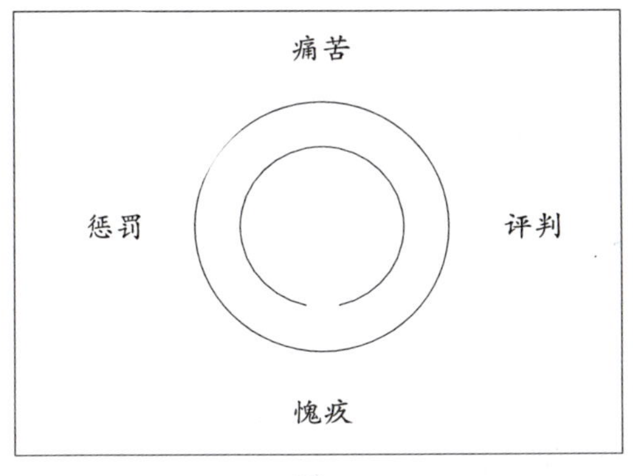

图 3

你不可能偷偷摸摸地得到治疗。你必须将全部事实真相告诉某个人，比如上帝、圣灵或治疗机构。当面临治疗时，诚实是最速效的政策。保密只会加重你的痛苦，因为：

保密使你感到羞愧！

有羞愧就会有痛苦，因为只要你觉得自己有罪，你就会继续引来更多的不快乐。事实上,你认为自己应该多么不快乐,你就会多么不快乐。诚实让真相大白,而真相将最终驱走所有的羞愧。这至关重要,因为相信自己毫无用处的人们拥有的经历将与那些可以真正接受自己的人们的经历截然不同。例如:

无用引发痛苦;价值带来平和。
无用产生怀疑;价值带来淡定。
无用凸显罪恶;价值带来自由。
无用散布恐惧;价值带来仁爱。
无用恶化愤怒;价值带来微笑。
无用饱受折磨;价值带来休息。
无用需要牺牲;价值带来完整。
无用犹豫踌躇;价值带来真实。

诚实就是第一种自由,它是治疗的关键所在。你的自我无法做到诚实,但你可以做到。当你与自己最私隐的自我判断开诚布公时,你的痛苦几乎立刻就会融化;当你与自己的罪恶感坦诚相对时,你的痛苦得到分担并且快速地消失不见;当你真诚对待自己的恐惧时,它们牢牢的掌握就会变得松弛;当你诚实时,你会发现自己不再是孤零零的一个人,而帮助也变得触手可及。

解除你的防御

我和唐纳德的相遇对我影响至深。唐纳德是一位矮小瘦弱的男人，但他的精神却是惊人的。六十多岁的时候，他的脸上已经布满了皱纹。他只有一只眼睛却充满笑意，有着浓密黝黑的胡子和红润的脸庞。他经常弓着背坐在那里，身体前倾着靠近我。大约在我们第三次交谈时他告诉我："罗伯特，我想我真正的问题在于我忘记了怎样对自己忠实。"

"我可以对你微笑，罗伯特，"他接着说，"但我的微笑是假的。我也可以对你大笑，但我已经忘记大笑应该是一种什么感觉。事实上我对任何事的感觉都很依稀。"唐纳德接下来告诉我，他上一次大哭时还是个小男孩，他一直被自我批判和自我怀疑纠缠折磨着。"我想让真正的笑容回到我的脸上。"唐纳德说。也许当我告诉你他是一个职业小丑时，你会感到别样的辛酸。

当唐纳德告诉我"他已经忘记如何对自己忠实"时，他已经命中了问题的关键。他同样为自己的痛苦害怕，所以他筑起栅栏将自己隔在痛苦之外。那个栅栏起初像是管了点用，痛苦似乎减轻了不少。但他很快发现当他让自己远离痛苦时，他的快乐也在不经意间离他而去。

唐纳德发现防御本身就是不忠诚。他曾经希望他的防御可以至少减轻他的痛苦，但它却只让痛苦变得更加剧烈。他感觉不到他的感受了。他也发现你不可能选择性地对一些情感忠实，如忠实于快乐却不忠实于愤怒，或者忠实于愤怒却不忠实于快乐。我们通过讨论得出以下结论：

越抗拒就越吸引！

通常我们会用战争用语来形容医药和治病。比如，我们会说“战胜健康问题”，“打败沮丧”，“扫光忧郁”，“消灭癌症”，“消除焦虑”，“克服阵痛”，“取得抗击艾滋病战役的胜利”。类似地，我也管我的诊所叫做“解压诊所”。然而治疗并不是战争，而应是一个和平的过程。它不是抵制而是接受。因为接受是一切平和、爱和治愈的关键。

一种感觉出现的唯一目的就是为人们所感知，情感希望可以活动起来。每当你抵制抗拒你的情感时，痛苦就会持续更长的时间。你必须准备好迎合你的每一种感觉，不论是愤怒、嫉妒、沮丧、悲伤或仇恨。迎合情感就是接受情感并对其忠实。最终你将接受你的情感，不是因为它是真的，而是因为爱是真的。换句话说，痛苦只是一个偶尔的访客，它是暂时的，会有终了的时候。但与此同时，你那不受束缚的自我却仍完好无损，毫无痛苦，并且永远充满爱。因此：

接受是爱的基础。

防御无法治愈，爱可以；诅咒无法治愈，善良可以；批判无法治愈，谅解可以；打斗无法治愈，和平可以；抗拒无法治愈，接受可以。在“快乐计划”中我经常宣传我的“接受宣言”。它是这样说的：

没有接受，愤怒将让你更恼火。
没有接受，罪恶将让你更羞愧。
没有接受，批判将让你受到诅咒。
没有接受，焦虑将让你受到折磨。
没有接受，悲伤将让你更沮丧。
没有接受，害怕将让你更恐惧。
没有接受，痛苦将让你更受伤。
没有接受，孤独将让你更寂寞。
没有接受，爱也不会爱你。

唐纳德玩味着这种接受思想，他说："与它斗争对我没有任何好处。"当他越来越不抵抗时，他发现了新的力量和自由。最初，当他谈论他的忧愁时，他并不能完全感知它。可是有一天，泪水终于流了出来。唐纳德哭泣的那天也是他可以重新欢笑并且感知欢笑的时候。唐纳德的勇气是不多见的，他对我来说也是一种鼓舞。我们经常相互拥抱握手，一同哭一同笑。在一起时我们给了彼此勇气去接受和热爱，让我们的痛苦随风而去。

压制、抑制、否认、智力、理智、逃避、谎言以及其他任何一种抗拒的方式最初都不是一个简单的方法。像是吸毒成瘾一样，这些抗拒对你的要求越来越多。你需要有意识或无意识地大动干戈来控制你不开心的情绪。抗拒让人筋疲力尽。

药品，如果使用不当，将成为另一种抵抗形式，阻碍治疗的发展。在现代医学中，药品常被滥用来压抑感受。我认为不快乐只是一种信息，就如同你的汽车仪表板上显示的红灯，它告诉你应该检查一下你的引擎。我们接着用这个比喻来看，如果你只是服用大量的镇静药，就好比掐断了仪表板的电源，灯不亮了，但问题却依然存在。

幸运的是越来越多的医生开始学会聪明地用药，他们尤其明白了不能简单地用药品使病人的感觉消失。镇静剂后的平静和治愈是两码事。这种短暂的“解决”只是一种虚假的便利，它将最终导致更多的痛苦。很长时间以来，医生们一直在思索，到底应该选择药物还是其他疗法。有时这两样都是必需的，最受欢迎的就是最好的。

在唐纳德不再来见我之后不久，我就收到了他写来的一封信，信中他附上了一段德国诗人赫尔曼·黑塞的文字：

苦难只有你害怕时才会让你受伤。
苦难只有你抱怨时才会让你难过。
因为你不断逃离，它才会紧随其后，
你不应害怕，而应热爱。
你自己清清楚楚，明明白白地深知，
世间只有一种魔力，一种力量，
一种救赎以及一种幸福，
那就是热爱。
那么，热爱你的苦难，不要试图抗拒，
也不要试图逃避。
品尝一下它的精华是多么的甜蜜，接纳它，不要再充满仇意。
除了你的厌恶再没什么能让你痛苦。

寻求帮助

"寻求帮助,相信帮助,得到帮助!"

有这样一个故事,一天,一位老师在课堂上给学生们讲了摩西的故事,孩子们听得都非常认真。讲完之后,老师问:"你们认为摩西为什么在沙漠中迷失了四十年?"很长一段时间教室里寂静无声。突然,一个男孩举起了手,很显然是突然想到了一个好主意:"老师,可能是因为他不敢问路吧!"

治疗是一种重建。它将清除你饱受条件束缚的思想中的瓦砾和碎石,重现你那不受束缚的自我的全貌。出于真正的快乐,这种重建不需要费什么工夫,也不用作出巨大的牺牲或无休止的挣扎,没有沉重的痛苦也没有高额的费用。治疗除了你积极地接受之外,什么也不需要。

乐于接受治疗是重建快乐的基础,而这种乐于接受治疗的情绪也包括乐于接受帮助。因为事实上,

你不可能独自被治愈!

太多时候我们想靠自己来治病。我们在脑中形成了一个固定的观念:求助就是失败。我们会因为太骄傲或太惭愧而不去寻求帮助。我们很自私地剥夺了人家帮助和关爱我们的机会,因为我们觉得那样会显得自己过于笨拙尴尬、强求自私、高人一等或麻

烦讨嫌。

我在解压诊所工作期间发现我的大多数病人都是在平均独自忍受了压力两到十年之后才第一次张口寻求帮助。同样地，我的朋友马歇尔是一位英国圣公会牧师，他曾经告诉我："人们过于敬爱上帝，因而不忍拿自己的困难让他烦心。"但如果你想要快乐，治疗和自由对你而言远比骄傲和愧疚重要。

压力的一个典型表现就是你会在尝试一种解决方案之前就否定它。这就是一种"没错，但是……"的病。因此，如果不是你的骄傲和愧疚使你不愿寻求帮助，那也许就是你的愤世嫉俗在作祟。愤世嫉俗就像是一种精神癌症，它试图消灭一切希望、光明、冒险、成长和治疗。当你愤世嫉俗时，你就决定了要当一名受害者。愤世嫉俗不仅毫无帮助，而且不公正、不真实，也不精确。

愤世嫉俗从多个方面阻碍了治疗：(1) 我们不寻求帮助是因为我们已经"知道"那将"毫无用处"；(2)我们不寻求帮助是因为我们相信"没人能帮助我们"；(3)即使我们寻求帮助我们也知道没人会帮忙——这一条很好地配合了我们的愤世嫉俗，因为只要没人帮助我们，我们就可以继续我们想象中的罪恶，并且摆出一副受害者的模样。

《圣经》中写道："要求，你就会得到。"多么好的事情！难道你不认为这听起来太好了，简直不像是真的？这看起来和免费的午餐有些类似。但我想知道隐藏着的附加条件是什么，有哪些不好的影响。看看那本小书，上面也有"来得容易去得快！"我曾多次在空气中挥舞着我的拳头，我感到怒不可遏，觉得自己像是被抛弃。套用《圣经》中的那句话："我仍在请求，可你的回答在哪里？"

后来我从自己的经历中明白，当你寻求帮助时，

你不可能攥紧自己的骄傲、罪恶和愤世嫉俗而同时被治愈！

当你寻求帮助时，你将会得到自己觉得配得上的答案，这是求助的关键。因此，那句“要求，你就会得到”也许应该换成“要求，并且相信，你就会得到”会更为贴切。你不可能在骄傲、罪恶、愤世嫉俗的同时又开放接受，因为只要你仍想要保持自己的骄傲、罪恶和愤世嫉俗，你就已经将所有真正的帮助拒之门外。当你寻求帮助时，你不仅要敞开心扉而且要做好帮助别人的准备。因此在你寻求帮助之前，你应该抛开一切骄傲、罪恶和愤世嫉俗。换句话说，你应该抛开幻觉把握真实、抛开过去把握现在、抛开仇视把握希望。寻求帮助——相信帮助——得到帮助！治疗忧愁，得到快乐，

你必须乐于寻求帮助，并乐于接受帮助。

我最近正在学习如何更好地寻求帮助。因为长时间以来我一直饱受被我称为“做自己综合征”的折磨。这种病症的主要表现是根本不敢寻求帮助。比如在商场购物时，我宁愿花掉四十分钟（不是四十年）寻找某个商店，也不愿在上千个人中随便找一个问问路。在音像店，我会反复寻找某张唱片，而不去询问那些店员，虽然他们本来就是受雇为需要帮助的顾客服务的。

有人告诉我只有男人才会害怕寻求帮助。但我相信，不论是男人还是女人，大家都会有逞强拒绝别人帮助，想要自己解决问题的

时候。治疗往往被耽搁了，因为我们总是想要在我们向朋友、家人、顾问、上帝和圣灵寻求帮助之前而不是之后调整好自己。只有乐于寻求帮助并且乐于接受帮助，我们才能被治愈。

把握你的优势

> 如果你感到不快乐，
> 也许是因为你放弃了自己的力量之源。

我的母亲莎丽目前遇到了一个“生命的难关”。起初只是针对沮丧的常规治疗，但当她服用了一系列的镇静剂、抗抑郁药和其他差点要了她的性命的药之后，她的生命变得危在旦夕。因为觉得她可能活不过那些夜晚了，我的兄弟大卫、米兰达和我已经三次向母亲道了别。

母亲重病的六个月以来，我变得心力交瘁。我每周四次在深夜里开车行驶几百英里到诊所去，这对我产生了极其恶劣的影响。我多次试图与诊所的管理者和医生沟通，但却没有一点成效。我仍然对母亲的病情既担心又害怕。

害怕使人筋疲力尽。没有任何休息时间也会使人筋疲力尽。但最糟糕的是在这次危机当中，在我最需要自己的力量时，我却放弃了自己的力量之源。一点一滴、浑然不知地，我让自己失去了一直给予我营养和支持的东西。

我的力量之源包括早间冥想、祈祷、上帝、家人、朋友、健身、健康饮食和晚间冥想。好吧，我的健康饮食一下子就无法进行了。每晚我都是在自己开车去诊所时随便吃些东西，我吃蔬菜（其实是薯片）、水果和坚果（其实是巧克力棒），喝减肥苏打水。我的早间冥想本来持续一个钟头，现在却变成了十五分钟、十分钟甚至五分钟。祈祷也往往进行得匆匆忙忙。朋友们理解我为什么不能回复电话。米兰达和我觉得筋疲力尽，只能看一些录像来放松自己。一想到要去健身我就觉得更加劳累。而我还常常在第二天早晨才想起来昨晚没有做晚间冥想。

我经常告诉自己“问题在于没有时间”，然而正是因为我失去了自己的力量之源，我才觉得时间紧迫。当你没有精力的时候，你就没有足够的时间做事。讽刺的是，当我最需要自己的力量之源时我却丢弃了它们。我记得自己曾经承诺只有当我的母亲病情有所好转时我才能继续冥想、锻炼、祈祷和健康饮食。我当时在重蹈覆辙。然而，

覆辙的奇怪之处就在于你总是浑然不知地落入其中。

我敢打赌你从来没有想过“这儿有个坑，我将跳进去”或者“这个坑看起来不错，我想跳下去试试”。不可能！覆辙的哲学更加微妙而狡诈。它是一段时间的自我欺骗，它可以持续三个月也可以持续三辈子。它就是你忘记要对自己的优势诚实的时候。

问题在于你是否清楚自己最好的力量之源是什么。你能立刻说出它们吗？或者你还需要想一会儿？你是否想到也许你不快乐或身体不适正是由于你根本不知道自己真正的力量之源是什么？或者正是

因为你自以为是地想要完全依靠自己的力量，你才会感到痛苦。

不论你真正的力量之源是什么，我都敢向你保证，在你下次感到压力和不开心的时候你都会像我一样试图去丢弃它们。这确实是一个巨大的讽刺，当我们处于压力之下或痛苦之中时我们会远离而非靠近我们的力量之源。正如彼得和耶稣的故事一样，彼得三次远离耶稣，而我们也同样在危机中远离了我们的力量之源。

一些力量之源，尤其是身外的力量之源如同朋友和家人，会到来或离去、存在或消失，因为这就是这个世界上生活的本质。而你那不受束缚的自我所拥有的精神却永远那么强大而真实。因此你可以说：

幸福就是切记不可失去精神。

在那感觉如此真实的痛苦之中，你的精神仍在起着作用，它自由自在，不受世间纷扰的影响。你应该顺从地追随你那不受束缚的自我的力量和精神，怀着接受的态度让它引导你、鼓励你并为你治疗。

不要控制你的治疗

对自己负责：不要控制治疗！

接下来的故事很好地解释了试图控制自己的治疗将会带来怎样的危害：

曾经有一个人在发洪水时被困在了自家的房顶上，洪水在他身边奔腾而过。他爬上了烟囱，非常害怕自己会死掉。他从没有像现在这样想要活下去。他大声呼救："亲爱的上帝，我想活下去。请帮帮我！"上帝回答道："我会帮助你的，我的孩子。"

不一会儿，一个邻居乘着一只小船经过，"跳进来吧孩子！"邻居喊道。"谢谢你了，上帝正在前来救我的路上。"屋顶上的人回答说。

时间一分一秒地流逝，洪水也在不断地上涨。这时一个陌生人乘着一艘摩托艇经过，这个好心人想要帮那个人一把。但他却又说："谢谢，上帝会来救我的。"

过了一会儿，那个人已经站到了自己的烟囱顶上，而洪水还在不断上涨。不知从哪儿来了一架直升飞机，飞机上垂下一条绳索。可那人还是说："谢谢你，上帝会来救我的。"

那个人最终淹死了。他在天堂生气地质问上帝："你为什么没有帮助我？我原以为你会和所有人一样信守承诺的。"

"好吧，我试过了，"上帝说道，"我分别坐着小船、摩托艇和飞机去救你，但每次你都拒绝了我啊。"

这个故事里的主人公代表着那个始终想要掌控一切的自我，包括掌控自己的死亡。他寻求帮助却没有接受别人的帮助。三次救助出现在他面前，他却一一拒绝了那转危为安的机会。因为他在自己的头脑中已经限定了这次救援应该是个什么样子。

乐于接受治疗的你必须放弃任何控制治疗企图，不去使其成为你所认为“必须”、“可能”或“应该”的样子。底线就是：

你不能控制你自己的治疗。

如果你要扮演医生来控制你自己的治疗，那你将会制约那些关键的治疗媒介，如信任、接受、顺从、乐于助人、设想可能的情况和自我放松。控制经常是出于害怕，而害怕又常常使人不乐于接受帮助。因此，只有当你放弃控制时治疗才可以进行。

当你乐于无条件接受治疗时，任何事任何人都有可能帮助你。因此，请抛开你的偏见，用开放的思想来倾听你遇到的每一个提供帮助的意愿，不要在尝试解决方案之前就否定它。抗抑郁药也有它的一席之地，同时服用一些药品也是有帮助的。顾问咨询和心理疗法也很有价值，医生会比你预期的还要善于倾听。谅解就是答案。

心甘情愿就如同你家中使每件家电运转的电力。如果没有了电，你家的新电话、四十二种程序的洗衣机、高级的电脑和电视都会变得形同虚设。同样地，如果你不乐意，没有什么治疗会产生效果。因此，你必须首先乐于接受治疗。当你乐于接受之后，尤其是你放弃控制治疗过程之后，任何事情都可能起作用。

敞开心扉迎接奇迹

有一个印度的古代故事是这样讲的：一位王子在打猎时被一支浸过毒药的箭射中了心脏。这支箭不知是从哪儿来的。医生们立刻就赶到了现场，但在他们还没开始治疗时王子就命令道："首先，告诉我这支箭上涂的是什么毒药。"

当医生们告诉了王子是什么毒药之后，他们正要实施治疗，王子又命令说："先告诉我这支箭是什么制成的。"在他的问题得到解答之后，他又继续追问谁有可能制造了这支箭。而与此同时，箭上的毒正在他的体内不断地蔓延。

王子的身体越来越虚弱，但他因为中箭而怒不可遏，于是他对医生们说："在你们开始之前我必须知道是谁射中了我。你们必须把他带到我面前，我要问他是受何人指使。"王子之后又召见了他的精神顾问，"我想知道这一切为什么会发生。"他命令道。最终，王子死掉了，而那支箭却仍然插在他的心口。

在这个故事中王子就是自我的代表。他不愿接受治疗。首先，他想要了解每件事，之后他才肯让他的医生医治他。他固执地想要了解事情的前前后后，这种固执最终使他丧命。

人们经常犯的一个错误是认为治疗需要理解。事实上并非如此。虽然理解确实有所帮助，但它却并不是必需的条件。往往病人和医生想要了解事情的方方面面，但这会阻碍或延迟治疗的进行，并且会让治疗过程变得复杂。过于繁杂的分析、解剖、分解、分离和逻辑思考只会放慢治疗的速度而不是促进你的治疗。因此：

敞开心扉接受治疗比理解治疗更重要。

这对病人和治疗专家都是正确的。当我刚刚对治疗感兴趣时，我去见了很多世界知名的治疗专家。我一次又一次地问他们治疗是怎么起作用的，他们也无一例外地告诉我想要从逻辑上理解治疗的过程常常会阻碍治疗的进行。他们说，治疗的关键就是让你的自我不在那里碍事。你要做的只是敞开心扉接受治疗带来的奇迹。首先要敞开心扉，之后你自然就会理解。

治疗就是奇迹，也就是从不同的角度看待事情。如果你不开心，医生会要求你放弃现在的思维框架，而去设想不同的画面。治疗就是帮助你放弃那些让你感到不开心或不舒服的事情，敞开心扉从不同的角度看待事物，从不同的角度思考问题、相信不同的事情，以及从不同的角度表达和表现你自己。

快乐计划中一个至关重要的治疗原则就是相信：

世上没有“消极情感”。

因为只要你认定了某些事是“消极的”，例如生气、嫉妒、忧愁、沮丧或其他“消极”的情感，你就无法从这些经历中汲取任何积极或有益的因素。要想接受治疗你必须抛开你所有的偏见、条件反射以及你的批判，这样你才可以看到光明。

对奇迹敞开心扉就等于对一切事物敞开心扉，包括你的痛苦、恐惧和愧疚。当你完全敞开怀抱不附加任何条件时，你就会发现没有什么事情是绝对的“不好”、“错误”或“消极的”。任何事情只要处理得当，都会对你的人生有所价值，都会充实你的生活。

还记得我在本章开头提到的那个二十一岁就受到沮丧折磨的女孩乔安娜吗？在我们交谈了三个月以后，我给她布置了一项家庭

作业。这是一个问题:“在学习控制情感的过程当中,你做的最明智的一件事是什么?”她的回答漂亮极了,她是这样写的:

以前我从来没有时间来理会我的情感。我曾经以为情感完全是一种虚弱的表现。而事实也许是因为我太害怕从而根本不敢注意它们。但我最近学到的一点,那就是我的感受并不会跑出来抓住我!感觉并不是惩罚,它们是信息。我所拥有的每一种感受似乎都在告诉我什么。

我从没想到我会相信这一切,但我现在因拥有沮丧的感觉而觉得感激。我的沮丧是一件礼物。我已经做好了创造新生活的准备。

当乔安娜知道我把她的话收录在这本书中时,她激动万分。我们曾多次谈到“沮丧的礼物”。事实上我们也都明白,沮丧并不算是一件礼物。真正的礼物是乔安娜可以敞开心扉诚实面对沮丧的那份勇气。乔安娜乐于接受治疗,这证明了诅咒和恐惧最终会被开放和谅解所替代。奇迹就这样发生了。

现在就要快乐!

不要等到所有的不开心都过去之后才说要快乐,现在就要快乐!

如果现在你正感到痛苦,那大声地祈祷:“我要快乐。”如果现在你正经历冲突,请说:“我要和平。”如果现在你感到沮丧,高歌:

“我要高兴。”如果现在你正遭人怨恨，说：“我要自由。”如果现在你感到悲痛，大声喊出：“我要治疗。”如果现在你深感愤怒，请宣布：“我要热爱。”

你感到痛苦的时候正是你把自己托付给快乐的最好时机。然而，想要快乐却是你神经深受重负、肌肉僵硬、头脑高度紧张时最不想做的一件事。因此：

现在你就把自己托付给快乐，痛苦就会自我消除。

我并不是想要你否认自己不快乐。假装没有感觉到你真实的感受是不诚实、不真实的，并且没有一点帮助。我的建议是你继续感觉你的感受并且选择把自己托付给快乐。你将自己托付给自由，而这将为你打开牢门。所以：

当你害怕时，请体会恐惧，然后将自己托付给快乐。
当你难过时，请放声哭泣，然后将自己托付给治疗。
当你忧愁时，请迎接忧愁，然后将自己托付给高兴。
当遇冲突时，请接受冲突，然后将自己托付给和平。
当你痛苦时，请发泄痛苦，然后将自己托付给自由。
当你生气时，请体会愤怒，然后将自己托付给和睦。
当你仇恨时，请保持诚实，然后将自己托付给谅解。
当你受伤时，请照顾自己，然后将自己托付给欢笑。
当你失败时，请休息一下，然后将自己托付给快乐。

把自己托付给快乐之后做什么？答案是，什么也不用做。也许在治疗过程中，我们要学的最难的一课是：

除了接受治疗之外，什么都不要做。

治疗并不是一项任务，也不是一件工作。要记住，治疗并不需要你付出劳动，承受痛苦和挣扎，也不用费什么别的力气。它只需要你乐于接受的态度。最重要的是你要相信，你的心甘情愿已经足够。跟随你的心意，让它保佑你，并将治疗带给你。

爱就是答案

评判是一切悲伤的源泉。

沮丧是对爱的召唤，恐惧是对爱的召唤，愤怒是对爱的召唤，悲痛是对爱的召唤，嫉妒是对爱的召唤，罪恶是对爱的召唤，所有的不快乐都是对爱的召唤。当你乐于停止对自己和自己的痛苦进行批判时，这一切就变得明朗起来，治疗就是一个决定，到底是：

去爱还是去评判？

痛苦源于精力加评判。你是否发现所有的痛苦都源于“这是坏的”和“这是错误的”评判？没有任何事情本身会让你不快乐，但当你相信你所见到的事情一定是“糟糕的”或“错误的”时，你才会感到悲伤。比如公司裁员并不一定是“坏事”或“错误的”，但如果你坚持这样认为，那你一定会感到非常难过。看看你的评判！

曾经有一个人脸上总是挂着笑容。一天他被老板解雇了。同事说：“这真是个坏消息。”他笑笑说：“是的。”但一个星期以内他就找到了新的工作，工资还是原来的两倍。他的朋友说：“这真是个好消息。”他又笑笑说：“是的。”

上班的第一天，这个脸上总是挂着笑容的人与新老板发生了争执。“这真是个坏消息。”他的新同事们说道。那人笑笑说：“是的。”第二天，他的新老板因为他诚实地坚持自己的意见而表扬了他。同事们又说：“这真是个好消息。”他仍旧笑笑说：“是的。”

一个月后，这个脸上常挂着笑容的人在一次交通事故中受了重伤，因此不得不在医院里住了半年。“这真是件天大的坏事。”他的朋友们说。“是的。”他仍然可以笑着说。之后，这个人收到了一件五位数的事故补偿金，他的朋友们又说：“这真是件天大的好事。”他还是笑笑说：“是的。”

一年以后，这个脸上总是挂着笑容的人在股市危机中失去了所有的钱。“真是不走运。”他的朋友们说。“是的。”他回答道，却仍然微笑着。很快，他又被解雇了，朋友们怜悯地说：“这段时间真倒霉。”“是的。”这位目前一无所有的人仍然保留着他的笑容。

他的朋友奇怪为什么他现在还可以保持笑容，问道：“现在事情这么‘糟糕’，你怎么还能笑得出来？”那人回答说：“我没觉得什么事情‘糟糕’。”他的朋友质疑道：“那为什么当我们说‘真糟’时，你同意了并且说‘是的’？”“不是的，”那个人说，“当你们说‘真糟’或‘真好’时，我其实并不能同意，因为在我的头脑中没有什么‘好’‘坏’之分。我只是简单地回答‘是的’，因为我在让自己接受别人的评判，并且试图不受其影响。正是因为我不会受到评判的影响，我才可以一直保留我的笑容。”

评判的问题在于没有什么“是”怎样的。没有任何事情必须是“好的”或“坏的”，“对的”或“错的”。换句话说，这里没有所谓的接受。你会评判任何一件你看到的事物。看见本身就是评判。思考也是评判。你并没有看到事物的本质，却只看到了自己对它的评判。正是缺少了接受和开放的态度，你才会感到这么多痛苦。

评判不是与生俱来的，而是后天习得的。评判是自我的一种特质，那个自我一直都在监视并且时刻伺机散布它的评判。当你继续评判时，这里就没有接受、和平和休息。因为你曾经害怕，你让自己来评判，但你现在却发现评判只会加深自己的恐惧。同样地，因为你曾经缺乏信任，你让自己来评判，但你现在却发现评判更加减少了你信任的机会。

如果你认为某件事是“坏的”，你一定会不可避免地感到“糟糕”；如果你认为某件事是“好的”，你也会感到“开心”。这就是实实在在的情感数学。然而真正的自由来自于敞开心扉放弃评判接受爱。当你的评判是关于情感时，这一点尤为正确。当你乐于放弃评判自己的情感，你就会拥有接受的态度。当你可以接受时，你也会拥有爱。你是否发现：

恐惧，去除评判，就是爱。
愤怒，去除评判，就是爱。
罪恶，去除评判，就是爱。
沮丧，去除评判，就是爱。
嫉妒，去除评判，就是爱。
仇恨，去除评判，就是爱。
焦虑，去除评判，就是爱。
悲伤，去除评判，就是爱。
痛苦，去除评判，就是爱。
爱，去除评判，仍然是爱。

智慧不是评判，而是不去评判。你是否发现不论你评判某人或是某事，最终都是你自己在承受评判带来的影响？这正是“不批评别人，就不会遭人批评”这句话所表达的意思。你可能对你的母亲愤怒不满，但只有你自己的神经系统感受到了这种愤怒。你可能对伙伴感到失望，但也只有你的头脑感受到不安。评判诅咒并惩罚着每个人，包括作出评判的“你”。

正是因为你仍然认为评判多少可以给你带来和平，放弃评判才变得如此困难。要放弃评判，你必须首先认识到评判不能也不会给你带来和平。换句话说：

评判不会让你安全，却只会让你害怕。

第二,要放弃评判,你必须明白,你并非对任何事情都非常了解,因此你不可能作出精确的评判。换句话说,你所有的评判都只是片面的,而并非事实的全部真相。在《奇迹课程》的阅读说明中,有一些绝妙的句子:

> 作为一名传颂上帝的教师,他必须认识到,他不仅不应评判,而且也不能评判。放弃评判的过程中,他只是放弃了他所没有的东西。他放弃的是一种幻觉,或者说他只是有一种幻觉是放弃会更好些。事实上,他仅仅是变得更加诚实了。当他发现评判是一件不可为的事情时,他也不再试图去评判。这并没有牺牲什么。相反地,他将自己放在这样一个位置,评判通过他产生,而不是他作出评判。而且这个评判也没有好坏之分。这里只有这一个评判,也是唯一的一个,那就是:"上帝的子民是无罪的,罪是不存在的。"

第三,为了放弃评判,你可以首先学会不要因为自己的评判而批判自己!我最近接受了一家杂志的采访,他们问我:"你挑剔吗?"我能给的最诚实的回答是:"我现在和以前一样挑剔。但是我已经学会不因自己的评判而批判自己。我也学会了别太把自己的评判当回事。大多的评判不过是恐惧,而我已经决定不要生活在恐惧里。"

最后,评判和爱是背道而驰的。只要你承诺去爱,并且呈现出更加充满爱的面貌,评判自然会消失。爱产生爱,评判产生评判。事实就是:

你不可能一边评判一边去爱!

你整个人生的经历可以归结为一个简单的决定——是去爱还是去评判？你认为哪个最重要？你如此希望评判可以赋予你力量和和平，但是一个不断评判的大脑是感受不到力量和和平的。爱是强大的。正因为它的强大，它没有恐惧和评判。爱将赋予你盼望已久的和平。

第七章 爱无止境

有爱的地方，
痛苦都会呼吸，
泪水都会微笑，
伤痛都会减轻，
罪恶不再烦躁，
评判忘记了判断，
害怕也不再恐惧，
分隔至此为止。

哪里有爱，
哪里就有你。

一天，一个年轻男孩从人群中走出来，看见了一个瑜伽师，他身穿金色衣服，在一片空地当中一边舞蹈一边欢笑。当时天上还下着雨，没有音乐，周围也没有其他人，但那个瑜伽师仍然欢快地舞蹈着。年轻男孩被这个穿着怪异的瑜伽师深深地吸引住了。过了一会儿，他大声问道："你为什么要一个人跳舞?”那个瑜伽师丝毫没有放慢自己的舞步,回答道:“你怎么知道我是一个人呢?”说完他继续跳着舞继续欢笑着。不一会儿,那个男孩也加入了他的行列。

古老的通灵论者一直把这个世界看做是一片幻想之地。他们认为最大的幻觉就是好像你我彼此毫不相干。然而每次当你感到恐惧、伤心、忧愁和痛苦,这种分离的感觉都会随之增加并强化。但是如果你真心地去爱,即使是很短的一段时间,你也会感受到那种包罗万象的完整和统一,与你的感官感觉完全不同。

爱比一切都要广大,它大于你的身体、你的思想、你自己,也大于你的恐惧、你的罪恶、你的自我和你的孤独。爱是事物的总和。当你去爱时就会融入集体,就会与别人联系,就会感觉像是处于一个整体之中。真爱存在的地方没有分离、没有小“我”、不多不少、没有距离、没有缺憾也没有限制。爱是全部,爱是治疗,因为:

快乐始于爱,痛苦止于爱。

爱比浪漫还要广大。所以我指的爱并不是那种只为某个特殊的人保留而将其他人排除在外的。那样并不是真正的爱。真爱是指不仅想要使爱成为你的婚姻的基础,也要使其成为你的友谊以及所有的工作和生活的基石。爱之所以珍贵不是因为它只为两个人独有,而是因为它是我们每个人的一部分。

爱是天堂！

恐惧是地狱！

想象这样一幅画面：

我在英国中部的一所医院里。当时正值午后，我刚刚协助一个工作组完成了为时一天的关于健康和快乐两者关系的讨论。参加人员包括高级医生、护士、职业治疗师和医院管理人员。我刚同他们道了别，现在正走在一条幽长黑暗而且空荡冰冷的走廊里，一边走一边绝望地寻找着出口。我迷路了。

走进另一段长廊时，我看到有人迎面走来，这时我头脑中展开了一段明显自相矛盾的对话：

声音一："有人走过来了。"
声音二："他是个陌生人。"
声音一："我要向他问问路。"
声音二："你并不认识他。"
声音一："我迷路了，我需要帮助。"
声音二："不，你没有，保持安静。"
声音一："我要向他问好。"
声音二："你疯了吗？"

简短的停顿。

声音一:“他看起来非常友善。”

声音二:“他穿着一件白色的外衣,很可能是一位医生。”

声音一:“好了,我要问路。”

声音二:“问别人路显得很没水平。”

声音一:“不,不会的。”

声音二:“低下头,不要有眼神的接触。要看起来像是没有迷路一样。”

声音一:“让人帮忙可以节省时间。”

声音二:“你疯了吗?”

简短的停顿。

声音一:“我要微笑,说‘你好’,然后向他问路。”

声音二:“他会认为你是个病人。”

声音一:“不,他不会。”

声音二:“他看起来并不友善。”

声音一:“我会表现得友善点,那么他也会变得友善了。”

声音二:“你根本不知道你在说些什么。”

我想我是不是发疯了?没错,我确实这样认为。而且我也请你来嘲笑我的这种疯癫,因为嘲笑是对这种愚蠢最正常的反应。但是,在你想要投诉撤销我的执业许可之前,请你先想一想,检查一下你自己今天是否也有过类似这样的思想对话。我确实是指“今天”。

声音一是“爱的声音”，声音二是“恐惧的声音”。爱的声音是自然纯真的，它完整地表达自己，没有任何条件。对恐惧的声音而言这种声音过于友善、过于信任、过于热爱、过于豁达、过于天真和乐观，也过于快乐。不论是在多么微不足道的情况下，你的恐惧总会不断试图说服你别再去爱。

在你生活中的每个时刻，你都在不断靠近天堂或不断接近地狱。换句话说，你或者充满爱，或者充满恐惧。爱是天堂，恐惧是地狱。当你真正充满爱时，你感觉像在天堂一样；但是当你感到害怕、愤世嫉俗时你会觉得像是在地狱一般。

> h.e.a.v.e.n.（天堂）中所有的字母排列在一起表示：
>
> 快乐（Happiness）的旁边是永恒（Eternity）；富足（Abundance）、幻想（Vision）和轻松（Ease）都于此刻（Now）形成统一。

> h.e.l.l.（地狱）中所有的字母排列在一起表示：
>
> 可怕的（Horrific）结果（Effect）是源于没有足够的爱（Love）和欢笑（Laughter），等待解决。

爱与恐惧不仅仅只是两种情感，它们也是两种截然不同的思维框架，两种相互对照的哲学和两种完全相反的意图。任何一种意图都可以独立地创造出一个充满不同经历的世界。爱与恐惧是两个不同的故事。每天早晨你走出家门，走进一个充满爱或是充满恐惧的世界,这完全取决于你最相信哪一个故事。是你在选择故事。

在快乐计划中,我经常引用一段取自《奇迹课程》中的文字:

> "无论何时,如果你不能完全地感受到快乐,
> 那是因为你对上帝创造的某种事物缺乏热爱。"

当我们去爱时,一切都很顺利。但如果我们用恐惧替代了爱,我们最终只会感到孤独、被人抛弃、罪恶、与世隔绝并且充满恐惧。曾经充满爱的地方现在充满了恐惧、快速建起的防御、拒绝的围墙、完全独立的渴望、牢牢掌控的需求、信任的匮乏、多疑症以及对与人亲密和被人拒绝的恐惧。当你与恐惧为伍时,爱变得不再真实,天堂变成了传说,快乐也变成了一个梦。

恐惧掠夺,爱祈福!每时每刻,恐惧都在大喊:"当心外面!"爱却在歌唱:"关注内在。"恐惧尖叫:"关闭你的心扉,保证安全。"爱却在请求:"敞开你的心扉,变得坚强。"恐惧说:"能拿什么就拿什么。"爱说:"想给什么就给什么。"恐惧让你"保护自己",爱让你"保持豁达"。恐惧建议:"要感到害怕。"爱建议:"要充满爱。"恐惧步步紧逼:"爱是软弱的。"爱却祈祷说:"爱就是上帝。"爱和恐惧对任何事物和任何人都持有截然不同的观点。

让爱做你的上帝

如果你献身于爱，
你就会感到快乐。

父亲去世时，我二十五岁。任何一个你深爱的人过世都会影响你的一生。

那是一个漆黑的夜晚，没有月亮，乌云密布。大雨迎风浇在我汽车的风挡玻璃上。我开了二百多英里，到达医院时已将近午夜。我的兄弟大卫已经在那儿了，他是第一个告诉我父亲过世的人。他搂住我说："爸爸去世了。他现在安息了。这儿没什么需要我们做的。我们回家吧。"

在我们回家的路上，我感到了悲伤也感到了快乐。悲伤是为自己，因为我再也看不到父亲了。快乐是为父亲。我希望死亡可以成为他的一个全新的开始。父亲因为嗜酒，在我十五岁那年离开了家。数年来他流浪街头，睡在树篱中或滑铁卢大桥下。大卫和我每周都有一半的时间为了让他受到更好的照顾而工作。对我而言，父亲从来不是一个酒鬼，而是一个温暖、慈爱、英俊的男人，他只是失去了希望而已。

回到家后，大卫、母亲和我一直交谈到凌晨。我们不得不这样，因为我们觉得死亡太不真实了。我想我的观点对大多数人来说都适用，当某人去世时你就是难以接受。在父亲去世后的几天、几周甚至几个月里，我们仍然期望他可以像往常一样走进屋里。在葬礼之前，死亡感觉起来完全不真实;在葬礼之后,死亡仍然非常不真实。

最后,大卫和母亲去睡觉了,我留了下来。因为我的头脑仍然十分清醒。我在反复想着一件事——“什么是真实的?”我在脑中搜寻着这个世上真实的、可靠的、永久存在不会消亡的事物。像是念经一般,我反复地问自己:“什么是真实的?”我很快就有了答案,但最初我并不把它当回事,直到最后我才发现怎样也无法摆脱这个答案。每当我问“什么是真实的?”时,答案就是

“爱是真实的!”

在父亲的葬礼后不久,我才第一次有意识地献身于爱。我这样做是为了让自己的生活可以时刻提醒我,不忘尊重父亲以及我认识的已经去世了的人们。我很悲痛,但归根结底我希望这种悲痛可以有些意义。一次又一次,关于生死我可以感觉到的唯一真实的东西就是爱。我意识到爱激励一切完整的事物,爱让生命充满生机,而且即使生命逝去,也只有爱留存下来。父亲的去世告诉我,我们为爱而活,而且

爱是每件事的意义所在!

当我们勇于敞开心扉用心去爱时,我们每个人都变得如此令人难忘、充满魅力、令人振奋。当我们去爱时,我们似乎浑身都散发着光芒。回想一个你全心去爱的时刻,将那种感觉带到现在。你是否还记得你是如何行走的?你是如何交谈的?你是如何看待自己的?

你是否还记得你和其他人眼中所闪烁的光芒？你是否还记得那时自己有多少精力？慷慨、富有创造力、富足、豁达、不设防——整个世界都因你而动！

好像每次你选择去爱时就会实现自己的目标。生活中还有什么比爱更高尚的目标呢？你难道还能想出什么比爱更合理的使人存活的理由？如果你愿意，想想别的理由，比如胜利、名誉、财富、成功，甚至是幸福。但你难道没有发现假如把这些东西比作神，那么它们只是些低等的神灵，只是那个唯一的真神的苍白倒影，它们只是些安慰奖而已，而那位真神就是爱。

父亲去世不久，我有许多次都想放弃去爱了。屈服、放弃、愤世嫉俗、与世隔绝、死亡都变得如此诱人。我开始抵抗愤世嫉俗的态度，以爱为主题进行演讲。每天，我开始依靠爱的力量来激励和引导自己——去会见病人、参加研讨会、交谈、打电话、参加会议、寻开心、玩乐、与家人相处、休息以及去做任何事情。

爱的力量是没有条件的——它无条件地明智也可以无条件地为你所有。有时人们会忘记他们可以向爱祈求帮助、力量、指引和宠爱。我经常在讲习班里和大家分享我的一篇祷告，名为《让爱做你的上帝》。它是这样写的：

去爱，并让爱
做你的
上帝。

为爱祈祷。

崇拜爱。
为爱歌唱。
为爱深思。

与爱同行。
与爱交谈。
用爱观察。
用爱倾听。

将你的人生
奉献给爱。
将你的亲友
奉献给爱。
将你的工作
奉献给爱。

去爱，并让爱
做你的
上帝。

去爱去快乐!

想要快乐,
你就必须把爱看得重于一切。

我的一位病人曾经很负责任地对我说,幸福只有在英语词典里才会排在爱的前面。在现实生活中,爱是处于首位的。幸福是爱的一种特征。甚至有人会说,爱就是幸福。如果你最近的幸福计划没有将爱放在首位,那就别指望你会有一秒钟真正的快乐。要想快乐你不可以从爱旁边绕道而行,你只能通过爱得到快乐。

我将自己的整个生活和工作基于一个非常简单的基本原则之上,那就是去爱去快乐。这五个字是我的快乐圣经。我真诚地相信这几个字,并且拥有乐于如此生活的态度,这足以开创一种充满难以想象的快乐、治疗、亲近、完整和创造力的生活。爱是创造快乐的原料。因此:

无论你的爱出于什么意图,
它都是那把开启快乐的钥匙。

或者,你也可以试着去憎恨某人并觉得快乐;试着去怨恨某人并感到开心;试着对某人生气并感受平和;试着去评判某人并感到自由;试着去控制某人却感觉不受控制;试着去完全地独立并且与人亲近;试着去欺骗某人并感到安全。这些都不可能发生,因为你怎么对待别人就是在怎么对待自己,是爱在起作用。

恐惧产生恐惧，一定要搞清楚这一点。恐惧只能将它自己献给你。我们经常试着说服自己“方式是结果的证明”以及“目的地是旅程的补偿”，但我们都知道这不是真的。目的地就是旅程，恐惧不可能将你引向爱，它只会将你引向恐惧。同样地，罪恶将你引向罪恶，评判将你引向评判，惩罚将你引向惩罚。另一方面，爱将你引向爱。爱也会将你引向快乐。

因此，献身于爱吧，让它成为你的祷词、你的符咒、你的冥想、你的晨祷和夜祷。将爱置于一切之首，你会发现随着你坚定自己去爱的决心，那些用控制和恐惧这类想法来代替爱的念头就会自动减弱。如果你准备长时间地坚持去爱，你就会发现对你而言

爱是真正富足的关键。

首先，去爱！去爱并享受一切！如果你在全心去爱之前就想等待得到幸福，那你会发现这个等待将会无比漫长。同样地，如果你想在全心去爱和慷慨助人之前就取得成功，你将会感到非常失望和挫败。世上没有优先于爱的幸福，没有优先于爱的成功，没有优先于爱的健康，没有优先于爱的平和的思想，也没有优先于爱的自由。首先，去爱！

去爱，
然后你将拥有富足；
去爱，
然后你将拥有成功；
去爱，

然后你将拥有平和；
去爱，
然后你将拥有幸福；
去爱，
将爱放在任何事物的首位；
去爱，
然后你将拥有一切。

爱是赢得幸福的最好的筹码，事实如此。经常有人问我："我怎么可以知道自己是否真正充满爱？"好吧，一个测试你是否全心去爱的方法就是——如果你真正充满爱，你就会感到快乐。相反地，

如果你不快乐，你就没有用心去爱。

爱和快乐就是关键。因此，严格来说，爱并不真正是你赢得幸福的最好的筹码。事实是，爱是你赢得幸福的唯一的筹码。没有爱就没有幸福快乐可言。

爱决不会离你而去

"你时时刻刻都充满爱意。"

不像你那学会了要时刻感到恐惧的自我，你那不受束缚的自我

时时刻刻都充满了爱。如同快乐一样,爱对你来说是自然而然的。它是持久的。当然,我们在生活中会遇到这样的情况:爱好像被恐惧和伤害所替代——对整个世界来说爱似乎都不复存在了——但是,事实上,爱不会消亡,爱不会衰退,爱也不会改变。爱是永恒的。爱永远无法被毁灭,它只是有时被遮盖住了而已。

爱是你那不受束缚的自我的精华所在,爱不会离开它的根源。爱永远不会离你而去。如果别人夺走了你的家产、你的历史、你的财富、你的地位、你的痛苦和你的荣誉,你将一无所有——除了爱一无所有。爱还在。爱是你那不受束缚的自我内部的神灵。表D中列举了两种形象,一个关于你那充满爱的不受束缚的自我,另一个关于你那充满恐惧的备受束缚的自我。

献身于爱,你会试图去改变你对自己的想法。事实上,你心中充满了爱,但你却早已学会相信自己心中并没有什么爱。当你自我恐吓,使自己相信爱在你的身体之外、不为你所有的时候,你的自我就把爱变得特殊、有限、稀缺、软弱,而且最重要的是让人难以捉摸。

充满爱的人际关系来自于自我接受,也就是说:(1)我承认我有爱可以给予别人;(2)我接受别人的爱;(3)我愿意生活在爱中。没有自我接受的态度就不可能有真正充满爱的人际关系。只有当你解决了自己思维中的冲突时,你才能与别人达到和平、快乐和统一的状态。自我接受是关键,因为

你不可能一边爱一边心存愧疚!

受束缚的自我	不受束缚的自我
完整	破碎
统一	分裂
爱	恐惧
快乐	痛苦
明白	寻找
信任	怀疑
富足	匮乏
接受	挑剔
自由	抗拒
广大	狭隘
永恒	暂时

表 D

为了促进人际关系，你可以做到的最大的贡献就是去爱并且接受你自己。因为只要你仍坚持认为自己归根结底是不值得爱的、不够好的，那么你的所有充满爱的人际关系最终都会变为充满恐惧、为各取所需而达成的合约。因此，你会发现你将不得不一直更换你的朋友和恋人，只为再给爱一次机会。

人际关系取决于个人信念。换句话说，你将会得到你认为自己配得上的人际关系。例如，如果你认为自己只值得别人一丁点儿的爱，那么你所拥有的人际关系中也只会有一点点爱。但是如果你认为自己完全值得别人去爱，那么你的人际关系中的爱也会不断地自我更新。

如果你愿意，哪怕只是一点，去体会一下那种完整、值得爱、舒适的感觉，那么你的人际关系中就有了经历完整和快乐的可能性。当你相信自己的完整性不断增强时，你也会感觉到充满爱的人际关系的完整性、健康性也在不断地增强。换句话说，放弃了罪恶感，你就会使自己更容易去爱。

根据投影规律：

你认为自己是什么样的人，
你就会将其投射到什么样的人际关系中去。

因此，如果你认为自己“不够好”，那么最终你会发现你的伙伴和朋友“都不如你最初希望的那样好”。如果你认为自己缺乏某样东西，那你的人际关系中也会缺少这样东西。同样地，如果你认为自己“糟糕”、“错误”或者“一文不值”，那你的人际关系很快便会发酸变质，也变得一文不值。除非你准备改变对自己的看法。

引发一段人际关系的爱永远不会消失，但它却往往被人忽视。世上永远不会“没有爱”，但是痛苦、冲突、分离、虐待、愤怒和报复的欲望常常出现，遮掩了爱的存在。如果在人际关系中你正在经历某种痛苦，那么治疗和快乐的关键就是要认识到：

问题的根源不在于你的人际关系，而在于你的投射。

不幸的是,没有人会将可恶的自我评判和罪恶留给自己。我们总会自觉或不自觉地将别人吸引到我们的生活当中,与他们分担(也就是投射给他们)我们的痛苦和冲突。当其中的痛苦和伤害让你无法负荷的时候,你就没有必要再坚持这段关系,你需要想一想为什么你会引来这样的伤害。这对保持现在或将来的人际关系的健康发展是至关重要的。

我们常常会把自己人际关系中出现的问题归咎于"他人"身上。如果你旨在治疗而不是报复,那你就要问问自己:(1)我对这种关系有过什么样的投射?(2)我在这个冲突中起了什么作用?(3)我为什么让这个人进入我的生活?(4)我如何才能在此时此刻充满爱?批评别人是不诚实的——没人应该对你的痛苦负全责。

当一段关系充满痛苦时,那是因为它充满了投射。有时我们会害怕对我们的投射负责,因为我们担心,"如果我对更多的事负责,我将感到更深的愧疚"。你要对自己的部分负责,不要涉及过多的愧疚,但一定要首先解决你的愧疚。诚实不是谴责,它是心甘情愿的自由、爱和真实。只要你能对自己的恐惧、投射和冲突中"你的部分"诚实,你就可以持续地创造一种更加诚实、充满爱的人际关系。

在你追寻幸福的路途中,你永远无法避免的一个事实就是你对别人付出的爱只能和你愿意对自己付出的爱一样多。这是无法回避的。说得更明确一点就是除非你愿意爱自己,不然你根本无法爱别人。

很多关系出现问题都是因为我们希望伙伴和朋友可以给我们一些自己都不愿给自己的东西,那就是爱和接受。但是事实上,

没人能够爱你超过你爱自己。

要抛弃这种念头！底线就是如果你不愿爱自己的话，你将不会让任何人来爱你。当某人出现在你的生活当中，愿意爱你超过你爱自己，起初也许你会满心欢喜、非常兴奋，但由于缺乏自我接受，最终你还是会结束这一切。过多的爱和不足的自我接受必定导致很多的愧疚。最终，你必须改变自己对自己的观点（丢开愧疚），不然就要更换人选。

你同样也会发现当人们确实很爱你时，除非你也爱自己，不然你不会让自己面对这一事实。你是否有过这样的经历，你的伙伴或朋友经常对你说"我爱你"、"你棒极了"、"你太好了"，但与此同时你却在想"他不是真的爱我吧？"或者你也有过这样的经历，不论你多么想要去爱别人，他们总是不会、不能也不敢接受你的爱。

投射是强大有力的。无论何时你因为伙伴或朋友不够爱你而伤心失望时，可以确定的是你其实看到的是你不愿给自己足够的爱的投射。同样地，如果你觉得自己没有得到别人足够的认可，那你看到的也是你没有给自己足够认可的投射。你爱自己越多，你就会越多地发现自己被别人爱着。

这并不是不可思议的，而是完全正确的。你会一次又一次地发现：

人们将按照你对待自己的方式对待你。

你对自己做了什么，别人就会对你做些什么。换句话说，别人无法对你做出你不愿对自己做的事。同样地，别人也无法让你感受到你不愿让自己感受到的东西。这是无法回避的。你的人际关系像镜子一样投射你的评判。因此，你会发现，如果你排斥自己，别人也会排斥你;如果你谴责自己,别人也会谴责你;如果你远离自己,别人也会远离你;如果你评判自己,别人也会评判你;如果你忽视并低估自己,别人也会忽视并低估你。投射就是那个“别人也会这样做”的法则。

如果你想要和平,首先要对自己和平;如果你想要爱,首先要爱自己;如果你想要善意,首先要善待自己;如果你想被别人承认,首先要尊重自己;如果你想要忠实,首先要对自己忠实。也就是说:

爱自己,你才可以爱别人。
爱自己,你才不会投射恐惧。
爱自己,你才可以让别人爱你。
爱自己,你才可以让别人靠近。

人际关系的作用就是在一起时,我们可以相互鼓励对方相信我们与生俱来的完整。虽然没人可以让你快乐,但别人可以鼓励你变得快乐。想爱的心会创造奇迹。在与人交往中我们学会谅解,即我们选择了完整。随着我们原谅自己和别人的恐惧和疑惑,我们坚定了决心,继续相信那创造了我们的爱。

除非你可以接受自己的完整性,不然你所有充满爱的关系都会变成各取所需的关系。任何人际交往中的痛苦都有关于个人所缺的东西,即需求的看法。如果没有自我接受,你将总会怨恨和伤害那个你要求必须满足你需要的人。不论他们是否可以满足你的需要,情况都是如此。

完整是没有任何需要的。有了完整,人际交往是快乐的,而不是贫乏的。乐于去爱自己，乐于接受自己的完整性，你将给自己带来焕然一新的充满爱的人际关系。

爱从来没有伤害过你

我一生中最快乐的一天就是结婚的那天。米兰达和我在祖母的英国乡村花园中举行了婚礼。那里芳草如茵，一直蔓延到坡下的小河边。我们很荣幸地请到了前任威斯敏斯特教长爱德华·卡彭特及其夫人莉莲·卡彭特为我们的婚礼拉开了序幕。接下来是铺天盖地的音乐、演奏、祈祷、鲜花、友谊和香槟。这整个仪式都是爱的庆典——普遍存在的爱。

关于那天我们有很多美好的回忆，但米兰达和我常常想起一个最有趣的情景，就是我们站在那里，接受一个又一个客人的祝福。我们听到了一个又一个祝福和建议，比如“好好享受今天——这将是最美好的一天”，“充分享受——你想要多好就会有多好”。其他的建议包括：

- “你知道婚姻不仅仅需要爱。”
- “年轻的时候好好享受爱吧。”
- “你不能只依靠爱——还需要好好经营它。”
- “你们还年轻，我知道你们觉得爱会永存，但是……”
- “爱是困难的。”
- “爱永远没有那么简单。”

- “爱总是充满痛苦。”
- “第一年是最难的,过了第一年就没事了。”
- “记住,不要活在对方的口袋里,要有足够的个人空间。”
- “这下好了——你俩现在被拴在一起了!”
- “现实点儿——事情不会永远这么美好。”
- “不要让爱阻止你找乐子。”

他们不停地说着,一个接一个,就好像每个人都从我和米兰达的脑子里抽出了我们的一丝恐惧,然后又大声地说给我们听。公平地说,当时我们听到的对于爱的美好想法和希望远远多于其他,但我们看到的却是两种对爱截然不同的态度——一种态度是非常狭隘和充满恐惧的,另一种却是富足而充满希望的。

你的自我只会像评判它自己那样评判别的事物。所以对于自我来说,爱是有限的。相反地,你那不受束缚的自我是完整的,因而它所接受的爱也是完整的。自我和精神又一次地有了截然不同的观点,正如表E中所示。

关于爱的最大的误解可能就是爱使人受伤。当然事实胜于雄辩。任何东西都只能献出自我,就爱而言,爱也只能献出爱本身而已。让人受伤的并不是爱本身,而是你对爱的误解、你对爱的恐惧、你对爱的放弃,尤其是你对爱的拒绝。事实上,我们可以说:

主要是你对爱的抗拒使你受伤如此之深。

爱是……

受束缚的自我	不受束缚的自我
有限的	无限的
软弱的	有力的
危险的	安全的
缺乏的	一切
可怕的	舒适的
特殊的	普遍的
困难的	善意的
盲目的	真实的
痛苦的	治病的
一个陷阱	自由
一个梦想	现实
死亡	生命

表 E

米兰达和我在我们的婚礼上选了六段朗诵文字，其中一段是艾米特·福克斯的著名段落，文字是这样的：

只要爱得充分，没有什么困难是无法克服的；
只要爱得充分，没有什么病痛是无法治愈的；
只要爱得充分，没有哪扇门是无法开启的；

不论困难多么棘手，希望多么渺茫；
不论情况多么糟糕，错误多么严重；
事情都没有什么不同。
只要你充分地认识到了爱，
事情就都会解决。
只有当你内心充满了爱，
你才会成为世界上最快乐、最强大的生命。

问题不在于爱没有起到作用；问题在于我们根本不相信爱会起作用。当我们觉得去爱别人很困难时，我们就会轻易地灰心丧气，过早地放弃了爱。具有讽刺意味的是，当你弃爱而去的时候也会因为缺少爱而伤心失望。这同样也是一种投射。然后我们就会寻找爱的替代品，但大多数的替代品都只会带来失落、痛苦、牺牲、恐惧和分离的幻觉。

我们太习惯于用自我那双狭隘、恐惧的眼睛来看待爱，而不是用我们那不受束缚的自我的快乐的眼光来看。因此，重要的是当你想要限制爱的力量，或当你发现去爱别人很困难时，请求助于你那不受束缚的自我，求助于爱本身，求助于你的上帝。

我曾经为自己写过一篇祷文，名为《爱的意识》，它是这样写的：

可敬的造物主，
爱的意识，
开启我的心灵去接受属于我的爱。

让属于我的爱点亮我和你、和每个人的关系。

让属于我的爱为我诵咏那永恒的神的赞美诗，

我记得你与每个人同在。

让属于我的爱使我放松，鼓励我，帮我成为世界最欣赏的那个我。

让属于我的爱支撑我，引导我，抛除恐惧，医治痛苦。

让我和大众可以再次感受到你所钟爱的安宁。

这样，我就会心安理得。

只要你乐于修正对爱的错误认识和恐惧，你就不仅改善了自己和爱的关系，也改善了你与自己以及所有人的关系。

与爱保持联系！

爱是与别人在一起时最大的乐趣。

下面这个故事提醒了我们时刻用心交流的重要性。

有一对年近八旬的夫妇在他们结婚五十五周年时决定离婚，而且认为他们早该离婚。当他们的咨询师问他们为什么时，妻子列举了一连串的理由。妻子说：“他从来没有问过我幸不幸福。”丈夫说：“我以为你很幸福。”妻子说：“他从来没有说过爱我。"丈夫说:"我以为你知道我爱你。"

妻子接着说:"他从来没有夸过我漂亮。"丈夫回答道:"我每天都看着你,非常欣赏你的美貌。""我们几乎没有什么交流。"妻子说。"那是因为我知道你喜欢看书。"丈夫说。妻子说:"我看书是因为我们不说话。"她停顿了一下接着说,"我们从来不出去。"丈夫说:"我以为你喜欢待在家里。"妻子说:"我待在家是因为我在等着你带我出去。"

咨询师一直在做着记录。妻子接着说:"他还对我十分吝啬。"咨询师问道:"怎么吝啬呢?""五十五年来,他每周三次早餐都让我吃面包皮,我讨厌面包皮!"丈夫变得异常激动:"亲爱的,我让你吃面包皮是因为那是我最喜欢的部分。"

你是否知道 assume(想当然地认为)是可以使傻瓜(ass)变成你(u)和我(me)的代名词?

我曾经在英国中部的一所皇家医院做过一期讲习班。讲习班的内容是关于在治疗过程中爱与欢笑的作用。早晨的内容十分欢快、有创意并且非常有趣。但在午饭一个小时之后,在座的每个人都泪流满面,感受着巨大的悲痛。现场没有手帕,我只好订了一些洗碗巾!

这些眼泪都是由我的评论所引发的,我指出坦诚地表达我们所感受到的爱对于个人健康和健康的人际关系非常重要。我建议说:"我们不应压抑和隐藏爱。"我尤其谈到了父亲的过世,说到我虽然明白他知道我爱他,但仍然希望我以前对他说过更多的"我爱你"。

我接着讲到在父亲过世之后,我接受了情感治疗,改变了自己紧闭的嘴巴和英国人保守的性格。从现在开始，我要向我认识的每个人表达我对他们的爱。我母亲和大卫是最先听到的人。接着是我的好朋友。接下来是每个人。我说："还有什么事会比没有勇气告诉别人你爱他们更悲哀呢？"这时我发现有人开始流泪了。

健康专家们一个接一个地讲着他们自己的故事。一位年轻的护士讲到她的家人从来不对彼此说爱，这使她十分悲伤。另一位护士说："我的父母从来不会当着我的面表扬我，或者表现出任何的欣赏，更不会对我说他们爱我，但姐妹们告诉我只要我一出门，他们就会不停地说多么为我感到骄傲。"当明白了她家人的表达方式时，我们都笑了。她接着说："我只是希望我们可以更诚实一点。"

就因为我们不说"我爱你"，多少充满爱的关系都像是消亡了一般。人们通常会害怕只要他们对别人大声表达了爱，命运就会立刻惩罚他们，使他们遭到拒绝或付出别的代价。这种害怕不是天生的。这种恐惧的迷信只会源于你那学来的愧疚和妄自菲薄。出于恐惧，你决定隐藏自己的爱，小心行事。但是，

小心翼翼反而让你失去了想要保留的东西。

谈论快乐！谈论爱！谈论幸福！在我的书《奇妙地活着》中，我写道："在英语中每一个关于快乐的词语都有四十个关于悲伤的词语与之对应。"太多的人际关系进展举步维艰，这都是因为人们没有充分地讨论和关注快乐、爱和幸福。如果你在进行的确实是一段充满爱的关系，那么表达爱只会增强而不会削弱那份爱。

当咨询一对对夫妻时，我总会让他们每个人画一幅自己心中关

于幸福的图片。当我们把图片放在一起比较时可以很清楚地发现虽然他们都想要自己和对方快乐，但他们几乎没有花时间公开、坦诚地直接交谈过。没有任何东西阻止你去问你的伙伴或朋友、"什么是幸福？""我们怎么才能更快乐？""你能感受到我的爱吗？""我怎么才能更好地爱你和支持你？"

为了快乐而跳动！

你想独立还是快乐？

"以自我为中心"是我们的社会中最新涌现出的一系列追求快乐的错误尝试。它讲求个人主义、自我、分离、一切靠自己、设立界线、只顾自己、不受限制、摆脱负责的束缚、完全独立。可是关键在于你并不是独立的！独立是一种彻头彻尾的幻想，因为你不可避免地与其他事物联系在一起。

在治疗领域和著名的心理学研究领域，人们为治疗"相互依赖"作出了很大的努力。这是一种对爱极度需求的状态。人们的研究是好的，但却有可能引起更多的阻碍、更多的抵触、更多的分离和不健康的独立。也许我们现在最需要的是一个"让对独立上瘾的人康复"的运动——这一运动将帮助人们放弃缺憾和分离，达到完整。

独立是无稽之谈——任何一个环境学家、生物学家、量子物理学家、诗人、思想大师甚至年幼的孩童都会这样告诉你。英国的诗人和牧师约翰·多恩在《岛屿诗》中说得好：

人非孤岛,本身并不完备;
个人只是大陆的一小片,
是整体的一份;若被海水冲掉一块土地,
欧洲就会减小,就像海岬失去一角,
就像你的朋友或是你自己的
领地少了一块;
任何人的死亡都使我缩减,
因为我是人类的一员,
因此不要问丧钟为谁而鸣,
它为你而鸣。

独立是一种抗拒,抗拒恐惧,抗拒伤害也抗拒去爱的承诺和责任。你怎么可能在和别人亲密相处时保持独立呢?你怎么可能一边保持独立一边有所收获呢?你又怎么可能在独立的情况下体会到那种与人共享全部的快乐?

独立作为抗拒是源于两种在人际交往中最基本的恐惧:(1)害怕被拒绝;(2)害怕与人亲近。而这两种恐惧都不是与生俱来的,而是后天习得的。然而它们却已经深深扎根在我们的思维方式中。简单地说,

每段关系都要面临对亲近和拒绝的恐惧。

对亲近和拒绝的恐惧,都是源于因感到不完整而想象出来的需

求。换句话说,对亲近和拒绝的恐惧都源于后天习得的愧疚和妄自菲薄。因此,你会害怕如果自己和别人走得很近,最终他们会像你对自己那样苛刻地评判你。你害怕被人拒绝是因为你已经认定了自己不会被人接受,而且你也不想从伤痛中恢复过来。

对亲近和拒绝的恐惧存在时,你也许会注意到下面这些行为:

- 你会在别人拒绝你之前先拒绝他们。
- 你从来不会全心投入,永远给自己留有余地。
- 你很腼腆。
- 可能你看起来是在全心投入,但你自己知道你并没有。
- 你有很多很多的熟人,但却没人对你真正地了解。
- 你发现你会无缘无故地情绪低落, 会与你爱的人争吵,惹他们生气。
- 当关系发展顺利时,你会猜疑它,并且蓄意破坏它。
- 你可以为别人付出时间、金钱,但你总戴着面具,绝对不会付出真正的自己。
- 你担心给了别人什么你就会失去什么。
- 你会在自己投入之前"走着瞧"这段关系"是否会有所进展"。
- 你了解别人要用很长时间,并且在开始之前会将防御设好。
- 你希望关注的焦点在别人身上,而不是在你身上。
- 你不会与任何人分享你的全部。

曾经很多年我都因为自己“完全独立”而深感自豪。我像谚语中的“独角戏”演员，不时地为自己创造一点爱——仅够说服自己并没有感觉到的那样可怜和孤独。独立的人们喜欢保持忙碌从而让自己忽略自己的痛楚。独立看起来像是很安全，但这种安全是枯燥无味的。即使是现在，当我受伤或感到痛苦的时候，我还是想要抛开一切重新找回我的独立。但事实上，

亲密医治一切！

当爱一个人变得困难时，关键是要彼此靠近——鼻子贴着鼻子。当你离得越远，你就越容易去咄咄逼人、感到麻木、与世隔绝、安全却枯燥无味、高人一等、孤独。如果你想要去爱，不论爱什么，你都会想要与之靠近，解除你的防备与之坦诚相对。这可能会很难，因为爱会带来恐惧，但当你迫切地想把爱放在首位时，这种困难就会变得越来越小。

关键之一是分享感觉，而不是扼杀感觉。换句话说，你必须承认这些事实：(1) 这里没有敌人；(2) 你不能把自己的感觉当成武器。一段真正献身于爱的关系将会放弃愧疚、抵抗、攻击和分离的欲望。要想重新体会快乐，你必须为快乐而跳动。如果你这样做，就证明快乐对你来说远远比报复更重要。

摆脱控制

你想快乐还是想控制？

爱从不控制。控制就不是爱，而是恐惧。你往往不是出于快乐去控制一段关系，而是出于恐惧。控制本应带来确定和安全，但这种所谓的安全是枯燥无味的，不久就会散发出恐惧和死亡的味道，没有丝毫的爱和生机可言。控制本应确保没有损失，但不论你想要控制什么，最终都会失去它。

爱和快乐需要自由，而不是控制。对于那些在教人要控制生活的文化中成长起来并且已经习惯控制的人来说，这是比较难以理解的。自我总是试图控制一切，而不受束缚的自我却会努力将一切释放。爱和快乐不会因组织、控制或是强制而生。人们只能接受它、分享它、认同它的存在。

一天，一个魔鬼学徒跑到魔鬼头子面前说：“首领，主人，地球上正发生着可怕的事情！”魔鬼头子眉头紧锁，大声咆哮道：“怎么回事？”小魔鬼战战兢兢地说：“有个叫做耶稣的家伙在地球上教导人们要彼此相爱。他还说上帝是爱不是恐惧。”

魔鬼头子正在忙着写他那本名为《政治的快乐》的书。他命令小魔鬼时刻监视动态，回头向他报告。一会儿，小魔鬼回来了，看上去更加焦虑了。“首领，主人，”他叫道，“耶稣现在正教导人们放弃恐惧、仇恨和不满，并且开始学着宽容谅解对方。”

魔鬼头子还在忙着写作。他刚刚写到“官僚主义”这章的一半。他再次眉头紧锁，对着小魔鬼大声咆哮道：“去接着给我监视。”没过多久，小魔鬼又跑了回来，看起来是吓坏了。“现在事情更糟了，首领，主人。耶稣正在谈论快乐和自由王国。”

魔鬼头子放下了手中的笔。他刚刚写完了最后一章“控制”。他再次眉头紧锁，对着小魔鬼大声咆哮道：“你着什么急啊？只要耶稣一死，我们就可以重新让人们开始组织和控制，把他原来的教义僵化掉。我们将建立另外一个国度！不久耶稣所讲的爱就会消失在我的统治里。”

威廉姆·布莱克在他的诗中写道：

若将快乐捆绑在身上，
将毁掉展翅翱翔的生命；
若亲吻飞翔中的快乐，
将生活在永恒的日出中。

我还记得当我爱上米兰达不久是怎样陷入了深深的恐惧。最初我们经历了我所谓的奇妙期。我们坦诚相对，彼此相爱，不设防备，为可以在一起而心存感激。我们都忘却了愧疚和自己不值得人爱。然而渐渐地，我开始害怕和怀疑起爱是否可以长久，于是采取了一些控制和防备以取得更好的效果——先发制人。

在我和米兰达交往的头两年里,坦白地说我每天都会祈祷:“亲爱的上帝,我呈现给你我和米兰达的感情。我呈现给你我控制这段关系的欲望。请让爱成为我的向导。就这样。”现在我仍时不时地重复这个祷词,事实上:

你不可能在控制的同时感到快乐!

控制不仅出于对失去的恐惧, 虽然这看起来可能不太明显,但你试图控制人际关系的原因在于你担心有太多的爱。你的自我拒绝太多的爱,因为太多的爱归根结底意味着更少的恐惧、更少的评判、更少的防备和更少的分离。只要爱存在时,自我便无计可施。所以,不是自我重新确定自己,就是你改变对自己的认识——变得爱自己,接受自己的完整性。

如果你已经接受了自己的完整性,你将不再担心损失或爱。恐惧导致控制,而控制等于麻烦。例如,你是否注意到越是控制你的伙伴,他们就会变得越发没有吸引力。另外,你是否注意到别人想要控制你时,你会变得多么反感和苦恼。就像是一只蝴蝶被一双黏黏的手抓住了,爱的美也会因不能自由飞翔而消失。底线就是,

你不可能爱你控制的东西。

快点道歉！

你想要骄傲还是快乐？

每段关系，不论是爱情还是友情都会从一段蜜月期或奇妙期开始。刚刚进入你生活中的那个人简直是完美无缺的。你爱他，接受并且完全谅解这个人的一切，包括他崇拜足球、总是工作到很晚、多愁善感、同妈妈一起住、性格顽固、只喜欢吃快餐、忘记冲马桶、收留流浪动物、在床上吃薯片、牙齿里经常塞着菠菜叶子。在奇妙期里爱一个人并不困难，因为你正处于现在时中。

过了一段时间，关系将进入第二个阶段，我将其称为“现在你是我的”阶段，或者叫熟识期。在这个时期，你生活中的新成员与你变得熟悉，他们开始“讲你熟悉的事情”，“提醒你某事”并且“表现得像某人一样”。自我一直在伺机寻找反对的模式，此刻的重点从现在移向了过去，从想象移向了回忆，从希望移向了怀疑，从爱移向了恐惧，从自由移向了控制。你想起了过去是怎样失去爱的，所以你变得害怕，想要对爱施加更多的控制。

接下来，爱被权力之争所代替，你们争夺控制权，统治权，坐在驾驶座上的权力，想要高人一等，想要处处正确。这就是控制期。现在，爱不再是自然而然的。相反，它变成了学来的把戏。身陷权力之争时你就难免会犯错误。你会把事情弄得一团糟，会表现得很差，会做错事、打斗、进攻、保护自己、受到伤害、变得斤斤计较、去爱并且感到愧疚。然而，如果你们的关系是致力于爱和真实的，那么不论是你还是伙伴或朋友都不想加重这种愧疚。

权力之争的时候，你有很多机会去道歉。不幸的是，在控制期中，快乐的目标让位给了正确的目标。换句话说，处处正确对你来说比快乐更重要。你需要问问自己，

我想要正确还是快乐？

你越是想要正确，就会越不快乐。你会变得越来越防备、顽固、怨恨、苦楚、斤斤计较、疑神疑鬼、恶毒和吝啬。爱是广大的，骄傲是狭隘的！欢迎来到麻木期。在这一期间你们看上去似乎还在一起，但事实上已经不是了。争夺权力的斗争让你们两败俱伤。你感到困倦、封闭、筋疲力尽、麻木。在重新清醒地发现恐惧的战场之下仍有爱存在之前，你们当中必然有一个人要首先放下愧疚的武器。

觉醒期通常是从道歉或谅解开始的。如果爱对你来说比愧疚、痛苦、错误和过去更重要，你就会想要道歉。如果爱对你来说比恐惧和怨恨更有价值，你就会想要寻求谅解或是谅解别人。如果你是个聪明的人，你就不会再总要求正确，而会试着去爱。

我可以向你保证，在你的墓碑上或讣告里，没人会写“他总是正确的”或“她从来不用向别人道歉，”但是“爱”、“善良”和“谅解”这类词却很有可能被人们反复提及。我也可以向你保证，人生中一些最甜美的时刻都是一句坦诚真心的道歉带来的。

迅速原谅，现在就快乐！

你想高人一等还是想快乐？

我经常让参加我讲习班的人们安静一会儿，去体会一下心存怨恨时身体和心理上是怎样的感受。然后我们会列出这些感觉来估计一下怨恨的代价。这些包括："愤怒像是黑色的雨"、"持久的恐惧，不能休息"、"感觉像是一个受害者"、"身体上的伤痛"、"沉重的心情"、"空洞的优越感"、"没有空气，无法呼吸"、"被过去所占据"、"复仇的恨"、"冰冷的心"、"没有爱也没有快乐"和"感觉自己在慢慢死去"。

我在《奇迹课程》中读到了对不肯谅解的思想最尖锐、最令人心寒的描述。它是这样写的：

> 不肯谅解的思想中充满了恐惧，让爱没有立足之地；没有地方可以任爱在和平中展翅，在混乱的世界上空翱翔。不肯谅解的思想是悲伤的，不抱任何喘息和从痛苦中解脱出来的希望。它在痛苦中停留忍受，凝视着黑暗，虽然看不见，但它确定有危险在那里潜行。
>
> 不肯谅解的思想被疑惑撕碎，迷惑于自己和它看到的一切。它害怕而愤怒，软弱却咆哮。它不敢向前，也不敢停留，它不敢醒来，也不敢睡去。它害怕任何声音，却更怕寂静无声；它恐惧黑暗，却更恐惧于将要来临的光明。

怨恨的代价是惨痛的。毫无疑问，你要为自己坚持的怨恨埋单。每一刻当你用仇恨来自我保护时，你的神经系统、你的肺、你的肌肉、你的心脏、你的观点和思维都会随之恶化和腐烂。

怨恨是对仇恨的一种投资——它相信仇恨将带给你爱不能给你的东西。怨恨是后天习得的，而不是与生俱来的。自我相信怨恨、仇恨、惩罚和攻击可以保护你。你所学的东西告诉你，当你心存仇恨时显然你会更加安全——远比你去爱或是去谅解安全。

但是怨恨的问题在于你不可能心存怨恨又感到快乐。俗话说，“如果你的心中可以容下一个敌人，那它对朋友来说就不是一个安全的地方。”你不可能一边仇恨一边快乐。你不可能一边仇恨一边爱。你不可能一边仇恨一边取胜。你不可能一边仇恨一边享受自由。你不可能一边仇恨一边活在现在。你也不可能一边仇恨一边拥有未来。底线是：

你不可能心存怨恨同时却又心平气和。

因为只要你仍看重怨恨，谅解对你就没有吸引力。谅解只会吸引那些爱好自由、爱、平和的思想和快乐的人。

你的自我和精神对于谅解有着两种截然不同的观点。自我坚信你的渺小和软弱，说你负担不起谅解。愧疚、恐惧、防备和攻击是自我的选择。归根结底，谅解违反了自我及其一切立场。谅解是完整的选择。

真正的谅解并不是宽恕、同意忘记或是牺牲。真正的谅解也不是压抑自己的情感或是对自己的怨恨保持沉默。真正的谅解不是

做正确的事情。真正的谅解更不是当个逆来顺受的可怜虫或是自我责备。不！事实上，

真正的谅解是愿意相信：
(1)你是完整的；
(2)没有人可以威胁或是拿走你的完整性。

当爱对你来说比任何事物都重要时，谅解就会变得简单。并且，清楚地看到怨恨的代价也会对你有所帮助。表F中对比了不受束缚的自我谅解的思想和自我不肯谅解的思想。

真正的谅解是自我热爱和自我接受的表现。当你原谅别人时，你就扔掉了愧疚的玩偶，重新拥抱了爱。

谅解医治痛苦。痛苦是一场充满恐惧的噩梦，它引导你相信自己是软弱、渺小、与世隔绝、脆弱和孤独的。痛苦感觉起来那么真实，像是它会永远存在。但如果你在痛苦中能够有哪怕一点点谅解的念头，那你就会看到不同的世界。事实上，

谅解就是决定看到“全部的真实”。

不肯谅解的思想	谅解的思想
认为你软弱而不完整	爱你，不做任何评论
认为你是与世隔绝且不堪一击的	爱的眼中没有分离
认为你是罪恶且一文不值的	完全、无条件地爱你
投射恐惧	扩展爱
鼓励你防护自己	鼓励你去爱
吸引进攻和伤害	爱吸引爱
仇恨、恐惧和怨恨自己	依靠爱让你摆脱痛苦
纠缠于过去	不断走进“现在”
不相信快乐	接受快乐

表 F

乐于谅解就是乐于承认“我不是我的痛苦”，“我不是我的错误”和“我不是我的过去”。当你向着完整的自己、向上帝或任何完整的标志祈祷时，你的观点就会改变，你将会重新发现“我是完整的。我是安全的。我不仅仅只有躯体。我是自由的。我是爱的表现”。

谅解是一个奇迹——是所有奇迹中最伟大的。每一次的谅解都是选择了更伟大的和平、力量、爱、自由和快乐。当你选择谅解时，你才真正地改变了对自己的观点。你放弃了那些充满恐惧、学来的自我意象，选择了充满爱和力量、完整的、天生的自我。谅解以爱为原则。快乐只有在有爱的地方才能欣欣向荣。不论何时，当你感到低落，你要坚定地说：

我感到脆弱，但我现在选择谅解。

我感到恐惧，但我现在选择爱。

我感到受伤，但我现在想要医治。

我感到生气，但我现在坚信和平。

我感到悲伤，但我现在祈祷快乐。

我，现在，放弃我对谅解的恐惧。

我宣布今天是大赦之日，我要心存感激地

自愿放弃我所有的怨恨和悲伤。

一个又一个，我要放弃每一个恐惧、害怕、愧疚和仇恨，

因为我不会保留，那些事实上原本不属于我的东西。

我现在选择完整。

我不会再向自己或任何人宣讲我们有罪。

我们是自由的，我们是自由的。

我为和平祈祷，并在所到之处播撒善意，

传播爱和散布快乐。

愿上帝保佑我处理好随之而来的快乐！

就这样。

第八章　游走的光

噢，游走的光，笼罩在黑暗之中，
仍然紧握着恐惧，坚信自己的罪恶，
仍然做着关于死亡的梦。醒来！
“现在”就苏醒到快乐中来！

回想今天早上发生的第一件事。你能否像是描述一场精彩的演出，或是一场平常的演出那样描述你今天起床时的样子？你是心静如水还是心烦意乱？你是被叫醒还是自然醒来？你是否觉得醒来时费的力气已经耗尽了一天的精力？

你是如何迎接这新的一天的？比如说，你是那种会早上一起床就说“早上好，上帝！”或说“亲爱的上帝，早上好！”的人吗？也许你会用一个微笑来开始你的一天，然后在微笑中度过它。你是如何为每个新的一天作准备的呢？

试着回想你在今天的第一个钟头里作出的那些具体决定。你的第一个决定也许是按下闹钟的按钮。然后呢？喝一杯速溶咖啡？或是冲个凉、抽支香烟、找袜子、换上新的内衣。或是催孩子们起床、化妆、边跑边吃早餐、读报纸头条、寻找钱包、玩“找钥匙”的游戏、遛狗、慢跑一小会儿。

大多数早晨的决定都有关于沐浴、化妆、衣服、孩子、食物、时间和交通。这些是关于“作的决定”,不同于“是的决定”。我最感兴趣的不是你要做什么,而是你是什么。换句话说,你是否有意识地作出了今天要“是”什么样的决定?即:

今天你想拥有怎样的一天?

如果用百分比来计算,你在身体上花费的时间,比如沐浴、吃饭和穿衣,和你在思想上花费的时间是怎样的比例?也许是身体95%,思想5%?或者身体25%,思想75%?总的来说,你愿意如何为新的一天来作身体和精神上的准备呢?

醒来的第一个小时就如同船上的舵,它会指引你接下来的一整天。说得更具体些,正是在你醒来的那一刻,你的头脑就已经决定了你将度过怎样的一天。换句话说,你已经有意识或无意识地决定了这一天。所以,请再次回想一下你今天做的第一件事,问问自己,你今天是如何打算的?你决定度过怎样的一天呢?

决定就是力量!决定超越了环境,是现在快乐的关键。因此,你要知道,你的决定至关重要。你确实可以决定今天要度过怎样的一天。事实上,你已经决定了。绝对没有任何事会在你的决定之外发生。

如果没有你要快乐的决定,快乐就无法发生。
如果没有你要去爱的决定,爱就无法生长。

如果没有你要和平的决定，和平就无法开花。

如果没有你要自由的决定，自由就无法迸发。

如果没有你要坦诚的决定，奇迹就无法绽放。

如果没有你要无愧的决定，祝福就无法繁荣。

如果没有你要接受的决定，天堂就无法结果。

任何事情最终都依存于你的决定，包括痛苦、恐惧、折磨和死亡。你的头脑就像是一台有着一百个不同频道的电视机，由你决定选择哪个频道。比如，你可以选择受害者频道或是自由频道；重罪频道或快乐频道；昨日重现频道或即时频道；自我频道或精神频道。你可以选择任何一个今天想看的频道。你的心意就是你的遥控器。

有时你会发现即使你已经有意识地决定要过快乐的一天，但经历的却还是让人痛苦的一天。这是很常见的现象。因为虽然你有意识地决定要过快乐的一天，但却无意识地选择了痛苦的一天。常常决定票掌握在无意识的状态手中。真正有帮助的是谅解，选择完整，并且决定放过你所有的愧疚和妄自菲薄。

比如冥想、祈祷、安静、静止、祷文、瑜伽和读励志文章都有助于你设定当天的意念。你不必要依照任何严格的形式、技巧、教义或礼仪。最终，当你将意念看得高于一切时，它就是那个唯一可以照亮你一整天的思想。

想要现在快乐的关键就是看到意念创造结果。换言之，

你的意念决定一切。它是一种强大的“力量”！

每天早晨我都会坐在我的飞毯上——这是一条漂亮的丝绸地毯,是我和米兰达去印度旅游时买的。坐在那里时,我就通过祈祷和冥想来设定自己一天的意念。有时我会背诵现有祷文,有时我会即兴地说出自己的祷文。我说那些让我感觉自然的东西。我最喜欢的一篇祷文是我的《安宁祈祷》。它是这样说的:

让我的头脑安宁。
让我的思想安宁。
让我的身体安宁。
让我的意识安宁。
让我的现在安宁。
让我永远安宁。
让我在此处安宁。
让我在处处安宁。
让我与你和平。
让我与人和平。
让每人、人人都和平。

这段祷文很清楚地设定了安宁的意念。在别的时候,我可能会祈祷:"亲爱的上帝,今天你会让我有什么样的意念?"再说一次,这里没有固定的形式。每时每刻我想做的都是寻求我那不受束缚的自我的引导。现在是崭新的。今天是崭新的。总之,我想坦诚自然地接受所有的现实和自己的全部。这就是我的意念。

全心全意!

一个和尚问赵州禅师:“如果来了一个穷人,应该给他什么?”

“他什么也不缺。”禅师回答道。

——禅宗问答

当米兰达和我还有朋友尼克、本恩、西瑞斯首次到达印度时,我们都觉得像是在飞行时被从地球的轨道中抛出,落到了另一个星球上。任何事物都与我们原先知道的大不相同——每个都不一样。

整个旅行充满了各种体验,包括震撼、惊喜、奇妙、敬畏、痢疾、贫穷、和平、贫民收容所、旅馆、冒险、失望和宏伟的美丽。印度的地形地貌非常漂亮,但是没有什么会比当地居民问候我们的场面更动人。

在印度,问候是一种神圣的艺术。对于很多印度人来说,问候新的一天和彼此问候是值得珍惜的时刻,人们需要全心全意并且积极小心地来完成它。当印度人向你问好时,他们会停下来到你身边,双手合十,面带笑容,直视你的眼眸深处,然后唱道:“Namaste!”这是指“我向您身上的光辉致敬”。这与我们所说的“你好,亲爱的”,“一切都好,亲爱的”,“你,哥们儿”,“嘿,老兄!”和“你究竟好不好啊?”形成了鲜明的对比。

从我们的印度之旅之后,我开始在世界各地搜集类似“Namaste”这样的问候语。比如 在非洲中部,当一个人与另一个人说话时,他会说“我来这儿让你看见我”,指的是“我看到你了”。在远东地区，至今还保留着一个古老的诺斯替教派的问候语，翻译过来就是“我是你体内的光”。这些问候才是真正的祝福。这是对爱的祝福，而且可以帮助他们为共度的时光设定一个明确的意念和目的。

这些神圣问候的美丽之处在于它们同时祝福了施与者和接受者。这也绝妙地证明并传承了人与人之间天生的完整和统一。这是有帮助的，因为我相信友谊的真正作用就在于提醒彼此我们的完整性。这样一来，友谊的作用与治疗和药物的作用就达到了一致。

这些神圣的问候是对友谊礼物的庆祝。它们同样告诉你每一个站在你面前的人都是一位老师。如果生活中有一件确定的事你可以真正依靠，那就是

如果一个人出现在你的生命之中，
那是因为你们有礼物要送给彼此。

没错！那些你认识的人——而不是想认识的人——就是为你准备了礼物的人，等着你现在就接受他们的礼物。想想每个与你亲近的人，问问自己：“他们有什么礼物给我？”和“我有什么礼物给他们？”不要只想那些你发现比较容易去爱的人，也要想想那些更有挑战性的人。

将这个作为你今天和每天的意念，你要存在于现在，要乐于学习、接受并且全心地给予每一个你遇到的人。你不可能高估你面前这个人的价值。仔细看看。过去我们总会忽视眼前的人，因为我们忙着在“别处”寻找“下一个”“更”合适的人。

总而言之，问候之所以如此重要是因为你遇到的从来不仅仅是

别人，你遇到的经常是你自己。在《奇迹课程》中有这样一段话：

当你遇到某个人，请记住这完全是个偶遇。
你会像看待他那样看待自己。
你会像对待他那样对待自己。
你会像评价他那样评价自己。
永远不要忘记，因为在他那里你将找到自己或迷失自己。

我们许多的痛苦都来源于我们固执地想要违背古代哲学家们所谓的金科玉律，那就是你要像对待自己那样对待别人。金科玉律的另一个版本是对待别人要站在别人的立场上，还有一个是对待别人时要用心因为你就是别人！关键就是，

你不可能违背金科玉律而得到快乐！

你向别人扔了什么最后都会砸到自己。所以你不可能将仇恨甩给别人却感到心态平和。你不可能将罪恶扔给别人却感到自由。你不可能将愤怒扔给别人而感到爱。你也不可能攻击别人而感到安全。

金科玉律也会换种方式起作用。比如，只要你认为自己“不够好”，你也会不可避免地认为你身边最亲近的人也“不够好”。这正是自我的愿望所在。没有什么会比你的某个朋友做了什么绝妙、聪明、世界一流的事让你的自我受到更大的震惊。“他们不可能变得了不起，我了解他们。”我们的自我这样说道！因此每当你向别人问好时，你都要搞清楚自己的立场——出于自我还是精神。

你的问候同样是对“我是谁”的证明和传授。你如何教导自己，你就会如何教导他人。所以今天你是怎样的？你是一个深感愧疚、一文不值的受害者，还是那个充满爱、自由和欣喜的不受束缚的自我？你从何处来？这由你决定。开始每一天的一个好的方法就是问问自己：

今天我会如何教导自己？

不论你作了怎样的决定，让问候成为你的教导的一个展示。另外，问候的力量不仅限于你的语言，还在于你说那些话时有怎样的意识。这样一来，一句简单的问候就可以成为教导、激励和治疗的奇妙工具。确实，常常一句简单的“你好”就足以将一个人的观点从恐惧变为爱，从匮乏变为完整，从分离变成统一。

最近的社会调查表明有70%的人不知道自己邻居的姓名。70%！我们住在彼此的楼上楼下却越来越觉得自己与世隔绝。我还记得那些困难的时候，当我还是个小孩子时，我家与另外的八十个家庭一起住在一个高层建筑中。那时我们的确是住在彼此的头顶上。我还记得我们如何识别住在14a、14b和14c的人们的脚步声，但却从来不知道他们的长相和姓名。我们如此靠近，却又如此远离。

我相信现在你和我应该重新认识问候的艺术。记住今天，不论你走到哪里都会有人陪伴。找找看，你就会发现他！

做想做的自己

你永远无法变成快乐——你只能感受快乐！

有一个古老的伊斯兰苏菲派的故事，是关于摩拉·纳斯鲁丁和一位好友的一段对话。

“摩拉，我明天就要结婚了，”他的朋友说道，嘴巴咧到了耳朵根儿。但摩拉却在安静地思考。“结婚难道不好吗，摩拉？这是最好的！你有没有考虑过结婚呢，摩拉？”

摩拉叹了口气说：“我年轻的时候没想过什么别的事。事实上，我非常想找到一个完美的妻子，所以我环游世界去寻找她。在大马士革，我遇到了一位女士，她长相漂亮，有精神追求并且充满爱心，但可惜的是她却没有广博的知识。在伊斯法罕，我又遇到了一位女士，她长相漂亮，充满爱心并且知识渊博，但可惜的是她却不关心精神生活。”

“那你后来又去哪儿了呢，摩拉？”他的朋友问道。摩拉叹了口气，说：“我忘了后来到了哪儿，但我在那儿遇到一位女士，她不仅精神生活丰富，充满爱心并且知识渊博，但可惜的是她长相不漂亮。最后我去了开罗，在那儿找了很久，终于找到一个完美的妻子人选。她有任何一种我想要的品质，极其完美。”

“既然她如此完美，你为什么没有娶她为妻呢，摩拉？”“唉，”摩拉叹了口气，摇着头，“可惜她要找的是一个完美的丈夫。”

我们常常那样要求别人，自己却不愿那样。尤其是我们花费了大量时间来寻找那个对的人，而不是自己成为一个对的人。摩拉和他朋友的故事充分说明了你必须成为你想要的那种人。实际上，我从快乐计划的工作中得出的最给人希望和帮助的经验就是——你能成为你想要的那种人！

在你成长的过程中，是否有人告诉过你，你可以成为你想做的人？如果你很幸运，那么很有可能在你的人生中至少会有一个人鼓励你去梦想，鼓励你敢作敢为。你能成为你想要的人，这句话是多么的积极向上，给人希望，使人坚定。它同时也是在描述一个事实，因为它揭示了一个十分重要的存在原则。这个原则在我写的一首名为《你可以成为你想做的人！》的诗中得到了很好的体现。它是这样写的：

如果你想要爱，请拥有爱心。
如果你想要关怀，请关怀他人。
你可以成为你想做的人。

如果你想要快乐，请开朗乐观。
如果你想要和平，请和平待人。
你可以成为你想做的人。

如果你想要幸福，请拥抱喜悦。
如果你想要善意，请对人友善。
你可以成为你想做的人。

如果你想被谅解，请原谅他人。
如果你想被接受，请接受他人。
你可以成为你想做的人。

存在是积极主动的。它就是完完全全地做想做的自己。这同样关乎存在优先的原则。例如，如果你想要真诚，首先要真诚待人；如果你想要忠诚，首先要对人忠诚；如果你想要信任，首先要信任他人；如果你想要热情，首先要热情待人；如果你想要勇气，首先要给人勇气；如果你想要启示，先要自己做一盏明灯！做想做的自己，坚持不懈！你的勇气会得到回报。

如果你做不到，就别指望可以等到或找到这样的人。我在快乐计划中说过很多次——处处寻找快乐和选择做快乐的人确实是天差地别的两个过程。

在寻找和选择之间产生了两个世界。寻找快乐会导致恐怖、匮乏和愧疚的体验。因为你只会去寻找你担心自己缺乏或是不认为自己已经拥有了的东西。

广义上来说，生活中有三条标着"幸福"的路，但只有一条路可以引你走到最后。这三条路分别是：(1)"行为之路"；(2)"拥有之路"；(3)"存在之路"。

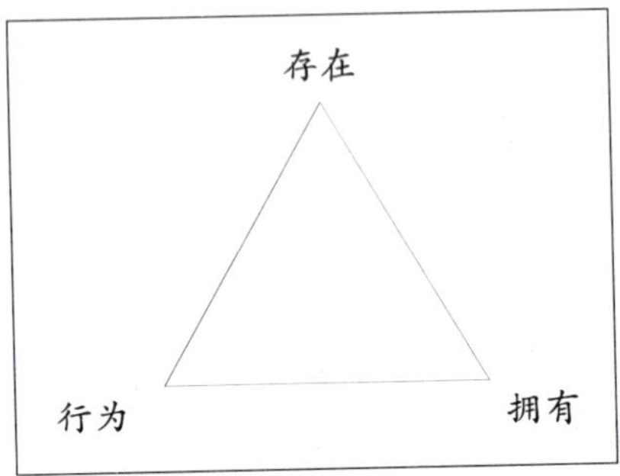

图 4

“行为之路”基于一个美好的希望，那就是足够的成就、创造和善行可以使你快乐。这里的关键词是“成就”。“拥有之路”也基于一个美好的希望，那就是你购买、收集和拥有的东西可以使你快乐。这里的关键词是“积累”。事实上，这两条路都无法使你快乐，但却都能够鼓励你变得快乐。秘诀就是你不能“因为做而快乐”，也不能“因为拥有而快乐”，但却可以“因为存在而快乐”！

存在是快乐的关键。“存在之路”可以鼓励你做想做的自己。这里的关键词是“接受”。卡尔·罗杰斯，这位给人启示的心理学家毕生大多数时间都在研究接受和存在。他认为“存在”的力量是真实的，远比任何的“行为”和“拥有”更真实。他曾经写道：

> 一个个体有意识地、心甘情愿地靠近“存在”，靠近他内在和真实的自我。他远离不属于自己的品性，不做一个矫揉造作的表面。他不会出于愧疚或自责而逞强，去做力不能及的事。他会不断地听从生理和心理的召唤，发现自己越来越

愿意更精确更有深度地去做真正的自己。

你那由于匮乏而产生的自我有着“不成功便成仁”的心态。它会鼓励你先“去做”然后再去“拥有”最后才能“存在”。例如，做份好工作，有份好收入，然后你才能快乐。你那不受束缚的自我却使你认识到，首先应该存在，然后你才能做自己想做的事，拥有你想要的东西。首先要存在！伟大的俄国小说家里昂·托尔斯泰写道：“如果你想要快乐，那就去快乐。”存在就是去接受，带着与生俱来的完整性生活。存在就是一种智慧。

给予别人你想要的!

付出是一种收获而不是一种损失。慷慨地付出吧!

在讲习班中我最喜欢的一个治疗过程就是“赞美药物疗法”。这个过程揭示了那些善意、友爱、给人鼓励的赞美词语有着巨大的治疗潜力。

“赞美药物疗法”分为三个步骤。你可能每个步骤都想尝试一下。第一个步骤是写下你最想听到的五句赞美的话。这些赞美可以突出你所珍惜的那些特殊的品质、才华、技术或价值。写完之后我会要求参与者大声地反复地朗读这些赞美自己的话。为什么？因为

你想从别人那里听到的话往往是你不会说给自己的。

别人可能赞美了你上千次，但你却只会真正听进去（即接受）你想给自己的那些赞美。因此，自我给予可以帮助你从别人那里有所收获。请把自己写的赞美的话一直拿在手上，每天不要只读一遍而要读三遍，至少连续读七天。

“赞美药物疗法”的第二个步骤是回想一位曾经你想要真心赞美的人。这个人的名字或长相会立刻呈现在你眼前。仔细考虑一下你现在最想给他们什么样的赞美。为什么要这样做？第一，因为内心有爱可以帮助你实现目的；第二，它非常有趣；第三，

不论你赞美另一个人的什么品质，
你也同时加强了自己的这一品质。

赞美就是肯定。正如神圣的祝福一样，施与者与接受者都会得到祝福。一个很好的强化自身快乐品质的方法就是首先在他人身上指出这一品质。不论你在别人身上看到了什么品质，你都会激活自身所有的这种品质。佛教徒将这种做法称之为“喜无量心”。由于缺乏而产生的自我无法做到如此慷慨，但你可以！记住，给予是一种收获而不是一种损失。

第三个阶段是回想一位你期望可以给你充满爱的赞美的人。这个人的名字或长相还是会立刻呈现在你眼前。想一想，你最想让他对你说什么？然后，和这个人取得联系，告诉他你最想从他那里听到的赞美。把自己想要的送给别人。为什么？因为

通常你没有得到的东西可能是你已经拥有的。

他人就是你，他们是你的一面镜子。站在一面镜子前却想要看到自己身上没有的东西完全是无稽之谈。同样地，想从别人那里得到自己不愿付出的东西也是毫无道理的。许多人在第三个阶段取得了他们(不论是与健在的人还是与往生者)的人际关系的突破。

当我们发觉自己被人所爱时，去爱别人就会变得简单。但是一旦我们觉得自己被伤害、攻击或是辜负，我们就会想要收回我们的爱。同样地，即使我们仍想爱别人，但如果我们认识的人不诚恳、不忠实或是吝啬，他们不愿玩这个游戏，那我们就很难继续下去。我们会自我防护——我们会以牙还牙。但是

当你收回对别人的爱时，你也把自己带离了爱的体验。

在你收回爱的时候，只有你自己会受到折磨。事实上你就是爱的体现。你不可能公正、自由却心中无爱。你一定非常了解退缩带来的后果。例如，收回了爱，恐惧会取而代之；收回了善意，爱就会冷却；收回了谅解，仇恨会使你窒息；收回了包容，和平将给你提示；收回了信任，背叛就成了必然；收回了你自己，你就会孤独一生。换句话说：

收回了兄弟之爱，你将使自己无法感受到爱的存在。

收回了对人的善意，你将无法充分享受到善意甜美的精华。

收回了对人的包容之心，你那肆意妄为的判断将使你不得安宁。

收回了对人的谅解，你将在不能释怀的仇恨中郁郁而终。

收回了对我的笑容，你将在自己的脸上感受到我的泪水。
收回了对我的温柔凝视，你将忽视你自己的优雅风度。

只有你的自我会受到攻击。事实上，它必须受到攻击，因为它时时都在攻击他人。自我一直在“索取”，不断地弥补自己设想出来的缺陷。自我不能慷慨地付出，因为它坚信给予等于损失。然而，在你体内有一处完整、安全、不受任何威胁的地方，那就是你那不受束缚的自我。

你那不受束缚的自我相信给予是一种乘法而不是除法。你给予的东西会不断增多。而且，它不以“给予和收获”的模式思考，认为“给予就是收获”。源于你的完整性的给予就是通向富足的关键。当你无条件地给予时，付出的唯一花费就是收获。所以，今天请环顾周围，给别人你想要的东西。

今天是你带给世界的礼物。
付出似乎正在消失的东西，
付出你似乎并不拥有的东西，
付出你认为自己一直在找寻的东西，
付出你认为自己一直在等待的东西。
慷慨地付出，不要想什么损失或牺牲。
坦诚地付出，你将收获自己想要的东西。
自由地付出，你将发现自己找寻的东西。
全心全意地付出，你的等待就会结束。
首先，请付出你想得到的东西。

记住重要的事!

真正的目标不是关乎未来的,
而是关乎你"此时"此地的生活!

"我知道你是谁!你是那个快乐医生!"出租车司机说道。我礼貌地笑了笑,说:"别人有很多种称呼我的称谓,你说的是我比较喜欢的。谢谢。"当时我正要赶去电视台,出租车司机西蒙前来火车站接我。我们接下来的对话很有启发意义。

西蒙操着一口浓重的伦敦音说:"到前面来和我坐在一起吧,老兄。"我刚刚系好安全带,他又说道,"知道吗,我已经发现了得到快乐的秘诀。""真的吗?"我试着不让自己显得过于惊讶。"没错,我已经发现了秘诀。"他回答道。我是个比较敏感的人,知道不用问他秘诀是什么。西蒙说:"如果你想听的话我可以告诉你。"我点点头说:"请说吧。""心脏搭桥术。""什么?""快乐的秘诀就是心脏搭桥术!"

我说道:"西蒙,这对我来说可是件新鲜事。""让我来告诉你吧,老兄。在我接受心脏搭桥手术之前,我的生活是一团糟。你信不信在我突发心脏病之前我除了这辆车以外还有十五辆别的车和两辆劳斯莱斯。躺在手术台上时,我给我的合作人打了电话,把我的产业都卖给了他。我说,解脱真好。现在我一无所有了。但是多亏了那次手术,我现在是一个快乐的人!"

西蒙接着说:"自从手术以来,我得到了更多的蓝天、更多的阳光、更多的美丽、更多的绿地、更多的朋友、更多西汉姆联队的足球赛、更多的一切。"我已经听得非常兴奋了,问他:"你是西汉姆联队的球迷吗？”他说：“这辈子都是呢。”我说：“我也是。”就这样我们成了真正的朋友！西蒙接着说道：“不管怎样，我现在看什么东西都不同了。”就在他说这句话的时候，一位后面的司机冲着我们按了很长时间的喇叭。西蒙立刻说：“就说我们后面的这个大块头吧，在心脏搭桥手术之前我会觉得这个家伙是给我找不痛快。但是现在，我知道他鸣笛只是为我在拥挤的伦敦街上的高超车技而喝彩。”我系紧了自己的安全带。

西蒙接着说：“如果你愿意，你可以把它写进下本书里。在手术之前，我关心的只是将来。我拼命工作到忘了我是谁。我每天在外十八个小时。我曾经需要提醒妻子我是谁。我有两个漂亮的女儿，她们都长大成人了，每人有了两个孩子。我现在已经是外公了！但女儿们的成长我并没有看到，我忙得焦头烂额。我迷失了自己，我真的是迷失了自己。”

我问道：“那么快乐的真正秘诀是什么？”西蒙说：“就是每天早上醒来的时候问问自己，什么是最重要的。永远不要忘记那些重要的东西。我每天唯一的目标就是找到最重要的东西然后守护好它。因为人生真是太短暂了。”这时他停顿了一下，于是我趁机问道：“那什么是最重要的呢？”西蒙笑了，然后变得非常安静，看上去非常害羞。他又向我探了探身，用更加温暖平静的声音说道：“你不会因此觉得我很傻吧？”我说：“不会的。”于是他说：“嗯，是爱啊，难道不是吗？爱是最重要的。”

对我来说，我和西蒙之间的对话是最好的。其中我大多数时间在听，而我很乐意这样做。西蒙是个聪明的人。他告诉我

快乐的关键就是牢记对自己最重要的东西。

我在解压诊所里工作时发现人们生病或不开心是因为:(1)他们忘了什么最重要;(2)他们知道什么最重要,但却把时间、精力和注意力放在了别的地方。我们本想照顾好生命中最重要的东西,但往往有很多琐碎的事堆在那里阻碍了我们的视线。我们变得忙碌、心事重重、我们会举步维艰并且开始健忘。如同没有星辰或指南针指引的旅行者,我们完全迷失了自己。

快乐计划对不同的目标设定投入了很多关注。区别在于我们如何关注我所谓的现在时目标。大多数的目标都是关于你的明天、你的未来和你期望将来某天生活得多么美好。真正的目标设定应该是关于现在的,关于此时此地。因此你最强大有力的目标并非关于未来的幸福,它们与现在的快乐有关!

快乐现在时就是现在的目标。

瑞士的心理学家卡尔·荣格曾经写道:"我见到的多数人都不是因身体上的疾病受折磨,而是因为没有精神目标而痛苦。他们迷失了自己。他们看不到自己的面目,也忘了什么才是真正有价值的。因此幸福的关键是在你需要心脏搭桥手术之前就想起什么才是最重要的。让快乐而不是悲伤成为你的学习曲线。"

这一疗法就是要记住什么最重要,然后将其余的抛到一边。我有个非常简单的练习方法,也许你会想要尝试一下。第一,写下十件你想要做的事。有些人迷失了自我,甚至都想不到十件事。现在,在每件事旁边写下你最后一次做那件事的时间。然后写下你生命中最重要的十个人,再在旁边写下你最后一次和他"真正"相处的时间。

仔细看看你是否在关注对你真正重要和有价值的东西——就在此时此刻。

今天就是你生活的全部，你唯一的目标就是要过好今天。因此要记住什么才是最重要的。现在目标的格式是这样的：

如果健康对你最重要，问问自己，今天我将如何拥有健康？
如果平衡对你最重要，问问自己，今天什么事最重要？
如果爱对你最为重要，问问自己，今天我将如何表达爱？
如果服务对你最重要，问问自己，今天我能贡献些什么？
如果真实对你最重要，问问自己，今天我将如何拥有智慧？
如果成功对你最重要，问问自己，今天我将如何获得成功？
如果和平对你最重要，问问自己，今天我将摆脱怎样的挣扎？
如果生活对你最重要，问问自己，今天我将如何才能快乐？

做个聪明人

几年前，我在威尔士的年度精神健康会议上作了一次基调演讲。在那次会议上我谈到了“治疗、倾听和智慧”。我告诉听众，有别人全神贯注地倾听他们谈话的这种经历是他们人生中最宝贵的财富。倾听如同爱一样可以将我们结合在一起。有了全心全意的倾听，分别就会结束，恐惧会退去，而智慧也会随之而来。

当我进一步具体地谈到沉默在日常生活中的重要性时，我才意识到房间里早已变得鸦雀无声。每个人都很沉默，深深地，深深地沉默着。“他们怎么这么沉默啊？”我问自己，“这种沉默代表什么意思呢？”我非常担心。还有一些恐怖的想法一时涌上了心头：“换个话题！”“谈这个没什么意义！”“讲个笑话。”“你死定了。”“快跑吧……”“现在就离开这里！”

然而出于某种原因我决定相信一切正常。我大脑中的一部分信心满满，另一部分却极其惶恐。我从未遇到过如此安静的观众。我甚至在某一刻想要走到他们中间摸一下他们的脉搏！我克制住了。无论怎样，我看到了自己在面对沉默、倾听和智慧时表现出的恐惧和疑惑。

我决定一直继续下去。后来，当我听到大会录音时我发现自己是这样结束“治疗、倾听和智慧”这场演讲的：

> 我们最大的恐惧是担心停下来默默地倾听自己的心声时会听到一片寂静。别害怕。因为在你体内确实有种寂静——但这种内部的寂静是既空洞又充实的。它没有那些折磨你的恐惧、批判和评价，却充满了拯救你的爱。请相信这种寂静！这种寂静并不冰冷，反而是温暖的。这种寂静告诉你，你的自我现在和将来都会处于自由自在、有价值并且良好的状态之中。不要害怕寂静——因为它是智慧并且会带来巨大的和平。

然后我说了句“谢谢大家听讲”，但坐下之后心中仍忐忑不安。听众们起身欢呼，人群中爆发了雷鸣般的掌声。我站起来两次向大家致谢，但掌声仍然久久不断。现在回想起来，那些掌声是对我的一种奖励，因为我充满担心的时候仍然敢于如实地说出心中所想。那些掌声同样代表了对大家鲜活的愿望的一种肯定，大家希望倾听内心的启示，希望更多地听从心灵的引导，希望守在最重要的东西旁边。

我刚发完言，一个人就拿给我一篇关于心理健康的报道，其中有一首诗，名为《倾听》。它的作者迈克接受了当地的心理健康服务。他的诗是这样写的：

当上帝分发大脑时
我以为他说的是大枣
——所以错过了自己那个。

当上帝分发外表时
我以为他说的是怀表
——所以我一块儿也不想要。

当上帝分发鼻子时
我以为他说的是提子
——所以我要了又大又红的一个。

当上帝分发下巴时
我以为他说的是锅巴
——所以我要了个大大的双层的。

当上帝分发腿时
我以为他说的是桶
——所以我要了个又粗又胖的。

当上帝分发脑袋时
我以为他说的是睡袋
——所以我要了个又大又软的。

上帝啊，我现在真是一团糟！

生活本身就是倾听。你生活的质量取决于你的听力水平。在任何时候，你不是在倾听恐惧的声音（你的自我），就是在倾听爱的声音（你那不受束缚的自我）。恐惧往往会导致更多的恐惧。爱则往往会引发更多的爱。学习摆脱恐惧的声音是一种艺术。然而攻击恐惧、抵制恐惧或防预恐惧都是没有帮助的。唯一的答案就是关注爱，更珍惜爱而不是恐惧。你越珍惜爱，你就将听到越少的恐惧。

我们渴望别人倾听的另一个原因是我们并不经常聆听自我。我们这样做是因为我们认为这里没什么可听的。就像我们不相信这里有快乐，有爱和和平一样，我们也不相信这里会有什么智慧可言。我在讲习班中常常会问："智慧在哪里？"我的听众就知道应该回答："智慧在我们中间。"但当我邀请他们站起来，说"我是个聪明人"时，很少有人会这样做。但通常不论谁站起来，大家都会对他们的勇气和示范报以热烈的掌声。

如同干渴的鱼儿跃入水中，你会被智慧包围和淹没，也会拥有智慧。但是对于你的自我而言，如同爱、和平和快乐一样，智慧是一种亵渎。因此，只有当你改变了对自己的看法，你才能变得聪明。换句话说，

要想接受智慧和引导，你首先必须乐于放弃自己的愧疚。

你没有罪。你并非一文不值。你必须乐于抛弃那些学来的自我评价。你也必须乐于抛弃你那些局限的思想，因为它们对智慧和引导充满了恐惧。你要知道，智慧没什么特别的，它是自然而然的。同样地，引导并不稀罕，而是随处可见的。智慧和引导都不是渴望而得的，你只要接受就能得到。如果你可以接受自己是个整体，有价值并且状态良好，你就会发现接受智慧并不是件困难的事。即使只是作出了一点努力，你也会收获无穷的智慧。

智慧是无条件的。智慧是源源不断的。你从来都是聪明的。智慧是无处不在的。事实上你如果没有倾听你的智慧，那就是忽视了它。智慧是自由存在的，它不需要特殊的技能、特殊的学识或是特殊的“善行”。智慧不需要任何努力、任何牺牲或是任何痛苦。相信智慧的人就会发现智慧，因为

会让智慧找到自己的人自然会找到智慧。

你曾多少次因为拒绝倾听与生俱来的智慧和内心的指引而让自己失望？你曾多少次在事后才发现原来解决困难的答案一直在

你手中？你并没有丢失智慧，你丢掉的是相信你有智慧、你能自由和你会快乐的信心。

当你抽出时间倾听你那不受束缚的自我的智慧时，你就会听到一曲熟悉的旋律。《奇迹课程》中一首名为《被遗忘的歌》的诗，其中一段激励人的文字就提到了这种旋律。这里摘录了几行：

> 听，——也许你感受到了一个尚未遗忘的场景；它或许模糊不清但却并非完全陌生的，如同一首早被忘掉了名字的歌。你在何时何处听到过它也无法忆起。整首歌你已记不清楚，但却有一小段与任何人、任何地方、任何事情都无关的旋律仍在久久回荡。就凭这段旋律，你就能回忆起那是一首多么优美的歌；当时的场景多么美妙；现场的人和其他听众是多么可爱。

请相信并且牢记！这就是智慧的关键。如果你倾听了却发现答案很难找，那是因为你相信智慧是困难的。如果你倾听却听不到答案，那是因为你不相信自己拥有智慧。如果你倾听了却不敢听从你的答案，那是因为你不相信自己的智慧是正确的。放下你的愧疚，抛开你的投射，让智慧对你再次变得自然。

人们总是问我，我如何才能知道自己的引导是正确的？因为你的自我坚信你是毫无价值的，所以它遮掩了“什么是正确的”和“什么是错误的”。过去，我时常问上帝：“我在这里做什么才是正确的？”而现在我不再思考“对”与“错”，而是改问：“什么才是最有爱心的事？”或者“现在我该如何展现爱？”身陷困境时我常常向爱求救，因为爱就是智慧。

今天随爱走动。

跳！

曾经有一个人在悬崖的边缘行走。他偏离了小路，脚下一滑，摔下了山崖。就在他跌落到海里的过程中，他抓住了一把荆棘。他垂在那里，不敢松手，然后开始祈祷：

"有人在吗？"

"有。"有人回答道。

那人接着问："是谁啊？"

"上帝。"

那人连忙求救："救救我吧，上帝。"

上帝说："放手跳下来吧。"

那个人想了一想，又问："还有别人在吗？"

这个故事中的人左右为难——他既想紧握住痛苦又想获得自由。

我们常常不愿在看到爱之前就放走我们的恐惧；但是在愿意擦干眼泪之前我们根本无法看到爱。同样地，我们也常常不会在确保安全之前放松我们的防御；但在乐于卸下防备之前我们根本不会平安。我们在确定美好的未来之前又一次紧握住痛苦的过去；但是如果不能忘掉过去我们就无法看到美好的未来。我们在得到快乐之前不愿放弃我们的痛苦；但是如果不能放弃痛苦我们就无法得到快乐。

只有当你愿意抛开幻想，真相才会在你面前展现；只有当你愿意放开痛苦，快乐才会占据心灵；只有当你愿意化解悲痛，和平才会重新统治世界；只有当你愿意放开自己的局限，你才能重享自由。治疗就是一种放手。

快乐就是痛快地放手！

被自我占据或者放手！对自我而言，爱、真实和快乐是恐怖的冒险，因为它无法向前看。记住，你无法控制你的治疗，因为你不能在控制中得到快乐。你要放开控制，抛开恐惧。放手像是一种冒险，但事实上，放手时唯一可能丢失的就是你的自我。

只要你愿意抛开愧疚，爱并不是什么冒险的事。只要你愿意扔掉矛盾的思想，和平也不是一种赌博。如果你坚定地站立，快乐就不会摇摆不定。如果你可以无条件地付出，信任就不充满危险。如果你全心全意地接受，自由就不会支离破碎。

问题在于你选择把信任放在哪里。你那不受束缚的自我无条件的快乐，因为它有无条件的信任。信任是积极主动的。不论你有无意识，也不论你全心全意相信的是什么，你都会找到出口。因此，如果你全心相信快乐，它就一定会发生；如果你全心相信爱，它就一定会发生；如果你全心相信和平，它也必然会发生。

真正的快乐就是信任。相信你的精神已然是自由快乐的。相信你的心灵是完全纯真的，是充满爱的。相信你实际上是安全健康的。这同样是相信你一直都拥有比任何困难都强大的勇气、鼓励和力量。

记得我曾经在一个午后坐在希腊某个小岛拥挤的沙滩上。当时我很生气,正在处理自己的伤口。几小时前我和米兰达刚从一场致命的车祸中幸存了下来。我们被一个喝醉的货车司机撞下了马路,但很幸运地存活了下来。我坐下来祈祷,说了以下的祷词:

我问:"智慧是什么?"
答案是:"智慧是快乐。"

"那么快乐是什么?"我又问。
答案是:"快乐就是知道这个宇宙中没有任何东西可以剥夺你的自由。"

"什么也不能吗?"我又问道。
答案是:"什么也不能。"

我又问:"那什么是和平?"
答案是:"和平就是抛开任何阻碍快乐的东西。"

自由自在地走!

做个大人物!你低声下气太久了。

接下来的故事极好地诠释了可以使你自由行走的唯一"真正的

理由”。

哈里·胡迪尼最喜欢的活动就是给自己设个圈套，然后再想方设法逃脱出来。他可以逃离镣铐、锁着的箱子、紧身衣、手铐以及各种各样封闭着的容器。这使他成为了举世闻名的逃生专家。他可以从任何情况中逃离出来，几乎是任何情况。

基于自己的威望，哈里·胡迪尼在世界范围内发出了挑战，看谁能建造出一间可以关住他的牢房。可是一间又一间的牢房建成了，但哈里·胡迪尼都可以在几分钟之内逃出来。然而有这样一间牢房，在这间牢房里事情变得不同寻常。这间牢房和别的没什么不同——混凝土的房门、混凝土的墙壁、一些栏杆，没有家具。哈里刚走进去，房门就在他身后关上了。计时表开始滴答地走着。哈里开始用藏在衣服里的一块金属试着打开门锁。

很快哈里便发现这块锁有些与众不同，一个小时过去了，没有打开。又一个小时过去了，哈里仍被关在牢房里。他的额头上渗出了汗珠。一次又一次的努力都没有带来任何进展。哈里心灰意懒、筋疲力尽，最终倒在了门上。这时……门开了。原来牢门根本没被锁上。

我们太过习惯于挣扎、痛苦和牺牲，以至于常常忽略了更简单的选择。滑稽的是在我们寻找和平的过程中却常常忽略近在咫尺的东西。不开心的时候，我们的精神和情绪都受到了打击，像是被关在黑暗的牢房里。那些像铁栏杆一样的痛苦、恐惧、愧疚和悲伤是如此的真实,使我们不敢相信自己可以自由地行走。

一个坐过十年牢的人曾经告诉我:"对每个囚犯来说,监狱里最可怕的一天就是出狱的前一天。"他还告诉我:"那些栏杆太熟悉了,我都不知道没有了它们自己是否可以生活下去。"熟悉的东西感觉起来就真实,而陌生的东西就会使人害怕。

如果你很长时间以来都觉得被束缚被囚禁,那自由对你而言就是陌生而可怕的。如果你一度沮丧痛苦,那快乐就是令人恐惧的。如果你一直都很孤单,那爱和亲近就会使人毛骨悚然。如果你一生都在作出牺牲,那收获的感觉就像在地狱。如果你一直卑微处世,那么想要活得像个大人物对你来说就是令人兴奋又令人恐惧的事情。

你渴望自由却又害怕自由。现在就要快乐就是要抛开对自由的恐惧,自由自在地行走。

你那不受束缚的自我是生而自由的。

你也是生而自由的。不论你怎么想,不论你学过什么,你都是自由的。如果你相信,你就会看到。如同快乐和爱一样,自由不需要时间,只需要你的接受。自由在等着你作决定。哪怕只是一小会儿,现在就让自己感受一下自由。感受一下,感受自由!快乐就是决定现在就要自由。现在就自由吧。

不要再自我限制。让自己自由起来。接受原本就属于你的东西,自由自在地行走。

你已经受够了苦，现在就自由吧。
你已经一生操劳，现在自由吧。
你已经找遍了一切，现在就自由吧。
你已经挣扎了太久，现在自由吧。
你已经牺牲了太多，现在就自由吧。
你已经愧疚了太久，现在自由吧。
你已经无谓地等待太久，现在就自由吧。

在你的自由里狂欢。全心全意地生活，放声地欢笑，广泛去爱，传播快乐，真诚待人，将自己融入一切。已经完整的你什么也不会失去。你的自我会时不时地失败，但你不会。活得像个大人物！想想上帝然后付诸行动。选个像耶稣或佛主那样的榜样，做个智慧的人。选择快乐，因为：

快乐的人都有一件礼物送给这个世界！

你不是为了给世界添乱而出生的。你为自由而生。你也不是空手而来的，而是带来了很多的礼物。因此，现在不要再隐没自己的光芒——让它大放光彩。不要再压抑自己的快乐——让它振奋人心。不要再否认自己的真实——让它得以呈现。不要再囚禁自己的想象——让它任意驰骋。不要再压抑自己的创造力——让它自由发挥。不要再掩盖自己爱玩的天性——让它自由游戏。不要再否认自己的精神——让它去疗伤。

生活和自由的召唤如此强大，我们永远无法拒绝它。现在就去爱，你就会摆脱恐惧。现在就开心，你就会摆脱痛苦。现在就和平，你就会远离冲突。现在就谅解，你就会摆脱痛苦。现在出现，你就可以自由地行走。

开启快乐的“真正钥匙”是根本没有钥匙！这听起来像是个坏消息。别担心！好消息是这里也没有监狱、牢门或是锁链。快乐随时都是开放的。只要你愿意对快乐敞开心扉，你现在就可以感受到快乐！

尾声　没有未来，只有现在

尾声的类型是由标题决定的——没有未来，只有现在！——这对一本讲快乐的书尤为贴切。

好啊，这可蛮吓人的。竟敢这么说——“没有未来！”请注意，这并不是一个令人绝望的消息，而只是在陈述一个事实。我再说一遍：“没有未来！”因此，别把最好的东西都留给未来。也别等着把自己最好的东西留给下个工作、下一回、下一个人或下一次的机会。把最好的留在现在！

有些事情不会改变。你获得快乐的最好时机一直都是、将来也是、现在也是，此时此刻。然而不幸的是你常常会因为沉迷于“过去”或“未来”中，无法看到现在身边的万事万物。忘掉过去吧，抛开未来吧，全身心投入现在的快乐吧！快乐全都在这里，它一定会在这里，因为你在这里。

那个永远正确的好消息就是：

现在就是此时此地！

在找寻智慧的过程中，语言学家们常会追溯到史前文明中的词根和词与词之间的联系。他们研究古老的梵文、阿拉伯语和拉丁语，试图发觉被人们遗忘了的智慧的起源。如果放在此时此刻来看，英语中对“present”的解释有助于我们的理解，它有三个直接的释义：“这里”、“现在”和“礼物”。

这仅仅是一个巧合，还是表明了生命中最好的礼物都会在此时此刻呈现给你？“present”也与“出现”、“存在”和“存在于现在”有关。这是另一个线索。让自己尽享现在！未来不是你的答案——它没有真实的力量。此时此刻此处对你就是最好的。你需要记住的就是你什么也没有失去，此时此刻什么也没有失去。

今天是崭新的。今天还没有过去。那么再给今天一次机会。如果不是你，世界无法自行结束昨天。如果你不愿意，世界也无法玷污你的未来。要对今天心存感激。对此时此刻说声“谢谢”。记住，关于礼物：

你对“此刻”付出的越多，你从“此刻”收获的就越多。

感激本身就是一种礼物。它激励你敞开心扉、存在于此刻并且乐于接受。感激是金。赞美一件事物不会占用比咒骂或忽视它更多的时间。感激同样是一剂良药。仅仅一次的感激就足以打开你的心扉，使你浑身充满力量，温暖你的筋骨，让你的步伐矫健，让你自然而然地哼唱，并且让你拥有婴儿般的微笑！你不可能心存感激的时候感到孤独、沮丧或是悲伤。

让自己无条件地感激，不问原因地感激任何事物，只要感激就行。在你心存感激之前，你处在黑暗之中，似乎没什么值得感激；只要你一开始心存感激，一丝鲜亮的光线就射了进来，如此明亮，宛如天堂。

如果你觉得没有东西值得感激，那也许是因为你不让自己接受别人的帮助。你不让自己接受并不是没有什么可接受。相反，世界上有很多美妙的事物可以接受。不论你感觉如何，一定要心存感激，敞开自己的心扉让自己接受“别的机会”。不要迷失自己。

真是不公平，那些心存感激的人经常有可以开心的事！但是，当我们发现真正的礼物不是来自于外界而是源于我们的内心时感激之情就会油然而生。事实上，

快乐不是触手可及的；
而是需要用心感受的。

如果可以尽情欢乐，那该是一件多么美好的事情啊！想象一下，就在今天放弃一切挣扎，放慢脚步，取消计划，抛开今天要做的事情，尽情地享受快乐。想象一下，告诉自己，“今天我不再挣扎”，“今天我不再受伤”，“今天我不再牺牲”，“今天我不再寻找”。

想象一下，放开手中的一切，只让自己去享受快乐，这是一个多么疯狂的念头啊！想象一下，不问任何原因地让自己快乐。就在现在，用六十秒的时间构思一幅画面，让快乐自动涌现。你不是在构思快乐、祈求快乐、确认快乐、透视快乐或寻找快乐——你只是让自己感觉快乐。

我向你提出挑战:“今天不要寻找爱；去爱。今天不要寻找和平;心存和平。今天不要寻找快乐;感受快乐。”我知道这听起来过于简单、愚蠢甚至疯狂——但是,这行得通！也许你真的可以感受快乐。

今天不要索求爱;而是,
祈祷自己成为爱的化身。
今天不要索求宁静;而是,
祈祷自己成为宁静的化身。
今天不要索求善意;而是,
祈祷自己成为善意的化身。
今天不要索求胜利;而是,
祈祷自己成为胜利的化身。
今天不要索求欢笑;而是,
祈祷自己成为欢笑的化身。
今天不要索求和平;而是,
祈祷自己成为和平的化身。